Sharing Nature with Children II

教出孩子的生存力

〔美〕约瑟夫·柯内尔 /著　钱峰 /译

图书在版编目（CIP）数据

教出孩子的生存力 /（美）柯内尔著；钱峰译. —
北京：北京联合出版公司，2013.10
ISBN 978-7-5502-2028-7

Ⅰ.①教… Ⅱ.①柯… ②钱… Ⅲ.①自然教育—家
庭教育 Ⅳ.①G40-02②G78

中国版本图书馆CIP数据核字(2013)第239894号

北京市版权局著作权合同登记图字：01-2013-7897

教出孩子的生存力
作　　者：〔美〕约瑟夫·柯内尔（Joseph Cornell）
选题策划：北京磨铁图书公司
责任编辑：王巍
封面设计：红杉林文化
版式设计：朱其林

北京联合出版公司出版
（北京市西城区德外大街83号楼9层 100088）
小森印刷（北京）有限公司　新华书店经销
字数127千字　635毫米×965毫米　1/16　12印张
2013年 12月第1版　2013年12月第1次印刷
ISBN978-7-5502-2028-7
定价：29.80元

推荐序一

爱美是人的天性，爱自然也是人的天性，自然是一切美的源泉。没有孩子会生来不爱树林、池塘、草地，不爱野花和小鸟。如果他们漠然，那是现代城市生活对童心扭曲的结果。

爱动、爱嬉戏是孩子的天性，是社会交往的开端。孤独的孩子像失群的动物，心灵在承受着折磨。

让孩子们，特别是城里的孩子们回到自然中去，重新亲近大地，带领他们在自然里做游戏，去体验人与人、人与自然以及自然本身应有的和谐与平衡，这不仅是为了环境教育，也是对幼稚心灵的抚爱和陶冶。

从事环境教育的老师一定爱孩子，更爱养育着地球上所有孩子的大自然。让我们带着孩子，去共享自然赋予我们的一切美、愉悦与安宁吧。在孩子心中播撒绿色的种子，将是我们对自然的最好回报！

梁从诫

2000年4月于北京

梁从诫（1932-2010），男，祖籍广东新会，出生于北京市。祖父梁启超，父亲梁思成，母亲林徽因。曾任全国政协委员、全国政协常委，全国政协人口、资源、环境委员会委员，民间环保组织“自然之友”（中国文化书院·绿色文化分院）创办人、会长。

推荐序二

十年里，我一遍又一遍地拜读了约瑟夫·柯内尔的著作。我作为一名校长兼教师，他所著的书对我是大有裨益的。不仅如此，他的书还给我带来源源不断的人生启发。

多年的教学经验告诉我，如果教师能在教授知识的同时注入一点快乐的元素，那么孩子们就能更有效率地学习。约瑟夫·柯内尔的著作中所讲述的神奇方法让我们的老师真正做到了这一点。我相信，不管是老师、青年领袖、自然主义者还是家长，都能在阅读他的这些书籍后，找到对于孩子和成人来说的快乐学习之道。

有一则关于这位绅士使命由来的小故事：几年前，约瑟夫在大峡谷担任自然教育咨询师一职。一天早晨，他突然决定花上几个小时的时间去欣赏南边美丽的风景。他选了一个非常受欢迎的位置，这个位置的游客经常络绎不绝。令他吃惊的是，游客们大多只是匆匆看了几眼大峡谷就去摆弄他们的相机了，有的则去跟朋友说笑，或是直接回到车里待着。来此地参观的150个人里，他只看到3个人仔细欣赏了这地球上最壮丽的自然景观。

尽管约瑟夫感觉到大多数游客还是非常真诚地来此地观赏美景的，但是他认为这些游客缺少欣赏大自然的壮丽美景的技巧。这种体贴入微的观察是约瑟夫的一贯作风。他深信，人人都能培养从自然中获取灵感的能力，不管他的灵感是来自大峡谷，还是来自自家后院里的一棵不足为奇的橡树。

约瑟夫对自然的热情非常有感染力。我最近听了他在西海岸的一个环境展览会所的演讲。他十分谦虚，几乎没有向主办方提出要求。他出场时并没有隆重的登台介绍，项目向导只是照常给观众简要说明了他所要做的演讲的主题、时间和地点。跟其他演讲者无异，约瑟夫被安排到一间小的教室。与此同时，很多人也在其他地方做着演讲。

我还清晰地记得当时教室里来了将近300人。要知道，这间教室最多只能容纳40人。约瑟夫笑着说每个人都有属于自己的位置。他认为有些人可能会感到无聊，然后离开教室。然而，教室里的人却越来越多了，很明显，大家都想要听约瑟夫讲话。他向观众招手示意让我们跟着他，然后把我们带到了一个露天的地方，开始跟我们分享他的一些自然活动以及他在"聆听自然"活动中总结出的人生哲思和方法。讲话结束后，大家都被他所讲的内容深深吸引，不愿离开。我们都知道自己找到了一个能教我们如何深入体会生活和谐之美的朋友。

熟悉约瑟夫所著的《与孩子共享自然》和《聆听自然》的朋友，在阅读本书后，将对他传授的学习方法产生更为深刻的认识，我想他们肯定会非常高兴。约瑟夫曾在《与孩子共享自然》一书中提到的能够体现其教育哲学的分阶段流水学习法，在本书中也得到了深度解析。

我将流水学习法的概念应用于自己的教学活动中，获得了非常好的效果。流水学习法遵从测试教育的原则，但又不仅仅局限于户外教育。流水学习法的原理既可以运用于学术领域，也可以运用于艺术领域。它的原理甚至适用于任何旨在增强成员凝聚力的环境里。

本书新版方便用户阅读，内容简单明了。约瑟夫在书中精心设计的分为不同阶段的流水学习法，能让家长和老师们更轻松地根据活动参与者的年龄、情绪以及周围的环境来选择合适的活动，这些游戏和活动能营造出神奇的欢乐氛围。《教出孩子的生存力》魅力非凡又极有帮助，是继《与孩子共享自然》后的又一部值得一读的佳作。

——杰伊·卡斯本博士，教育家

作者序

《与孩子共享自然》是一本指南书，出版于1979年。书中提供了42种认识自然的活动。本书作为《与孩子共享自然》的续集，提供了该书出版后开发的一些新游戏，这些游戏都是我的最爱。更重要的是，本书提供了一套完整的流水学习法来让人们更好地认识自然。流水学习法能够帮助老师、家长和导游们调节组员们的热情度（或无聊程度）并激发他们用心感受自然。我相信你会找到一种简单实用的方法。

使用本书前，你可以先不阅读《与孩子共享自然》。虽然有时候的确需要参考一些书中提到过的游戏，但是别担心，一旦出现这种情况，我会给你们简单描述一下该游戏。如果你觉得你想要玩这个游戏的话，我觉得参考《与孩子共享自然》中完整的游戏介绍非常有用。

我的另一本名为《聆听自然》的书提供了很多专为成年人设计的自然冥想活动。这些游戏中的很大一部分也可以与流动学习系统第三阶段的游戏配合起来供青少年们使用。尽管该书在《教出孩子的生存力》之前就已出版，但是希望大家能在阅读完本书后再来阅读该书。

目录

推荐序一

推荐序二

作者序

001 第一章 感受自然，感受生命

007 第二章 深入了解自然，唤醒自身感官

045 第三章 丰富有趣的自然游戏，培养孩子的生存能力

猜猜动物——激发孩子的活力与热情

自然过程——充分拓展孩子的想象空间

树的组成——凝聚力就是这样炼成的

自然宾果——物品代替数字更好玩儿

自然环境——帮助孩子认识物种，学会合作

相识游戏——让彼此间的了解更深刻

声音地图——大自然为孩子谱写的美丽交响乐

荒野寻踪——独处大自然的美妙体验

赤足行走——放慢生活节奏，尽享自然美景

动物来了——让孩子和动物成为好朋友

神秘动物——激发孩子的好奇心和探索欲

求知之路——让孩子与大自然更近一步

想象训练——触碰生命的本质

我是一棵树——人生可以如此美丽而高贵

我是摄像机——记录大自然的美

历史再现——用故事启迪人生

自然冥想——带孩子走入沉思的世界

给自己写一封信——为自然之旅画上完美句点

《飞翔的鸟儿》——写给自己的一首自然之歌

145 第四章 串起多个游戏，挑战综合能力

153 第五章 一种神奇力量，激励孩子前进

164 附录 A 种树的男人

173 附录 B 感谢信及作者介绍

第一章

感受自然，感受生命

那天阳光灿烂，风和日丽，蓝天上飘着几朵白云。我带着一群孩子踏进了森林。顷刻间，狂风四起，闪电照亮了整个森林，点亮了一切生命。狂风过后，在这一片勃勃生机里，动物们好像也都欣喜起来，在我们眼前不断出现。37个孩子一起体验大自然，这样的队伍似乎庞大了一些。但是，阳光照耀下的参天大树和开满无数鲜花的草坪施展了魔力，让这一切都可行起来。孩子们各自组成小队伍后便开始穿越森林了。每组小探险家都不断有新的“探索”，以至于我几乎都无法应对孩子们的紧急呼叫、各种问题和欢呼雀跃了。

与他人分享自然的午后时光，成为我脑海中一段特别让人欣慰的回忆。当作为领队的我们为他人提供一种探索生命和直接体验的氛围的同时，自然也在改善着人们的生活。

在那次徒步旅行过程中，我注意到了其中一个小男孩杰克身上发生的变化。杰克在家可谓是一个小猎人，他经常把鸟儿当成移动靶子来射击，以此挑战自我。杰克根本就没有意识到这些鸟儿都是生命，当然，他更不知道禁止射击鸟儿的法律。

在森林之旅快要结束的时候，我让孩子们躺在草地上观看一棵大橡树伸展的枝丫。正当我们从这个独特的角度欣赏橡树的时候，突然听到了丛山雀啾啾的叫声。丛山雀的羽毛是灰棕色的，长长的尾巴，小小的身体。我教给孩子们一个简单而有效的模仿鸟啼的方法，这方法很快就派上了用场。

果然没有让我们失望，丛山雀和其他小鸟马上就有了回应！大约有25只丛山雀从树林里朝我们飞来，在离我们不远的地方停了下来。

很快，唐纳雀、山雀、五子雀和莺也在我们的头顶蹦蹦跳跳了。孩子们被眼前色彩缤纷的鸟儿们在树枝间蹦来跳去的情形惊呆了。

50多只鸟儿回应了我们的呼叫。孩子们兴奋地想知道每一只鸟儿的名称。一只红脸，黑黄相间，跟知更鸟差不多大的鸟儿出现了。我告诉他们，“那是一只唐纳雀，它从遥远的墨西哥或者美国中部一路飞到这片森林来安家”。其他的大部分鸟儿也是如此，它们常驻此地，让我能与孩子们分享关于它们的有趣故事。

当我们靠近观察的时候，每只鸟儿都在孩子们面前鲜活起来。之后的一周时间里，大家对鸟儿的兴趣有增无减。杰克被这样的体验感动了。每当我们发现一只鸟儿的时候，他总是第一个问起鸟儿的名字和习性。他对鸟儿的态度完全改变了，他开始把鸟儿们当成迷人的小生命来珍视。

曾创立自然研究运动的著名植物学家海德·百丽说：“教育的最好产物是对生命的关爱。”敬畏生命，需要从对生命的关注开始。关注也能带来关爱和同情。当我们开始感受与周遭的生物之间的联系之时，我们的行动也就自然而然地变得和谐起来。我们开始关心所有生命的需求和幸福。正如日本著名自然资源保护者田中苏卓所说：“关注河流的本质不在河流，而在人心。”

但仅仅接近自然是不够的。我的朋友带着他8岁的儿子前往加拿大落基山脉徒步旅行的时候，就发现了这一点。他们行走几个小时后，看见了壮观的美景。登高俯瞰，冰雪封冻的两个村庄以及一些高山湖泊尽收眼底。

他回忆道："单单那种景色就让这次旅途变得有意义了！"他希望他的儿子能与他一同分享这高山美景带来的喜悦，于是他建议儿子和他一起坐下欣赏这景致。可是他的儿子正兴奋地沿路来来回回地跑着，静坐了5秒钟就爬了起来又继续跑了。我朋友说他当时特别想要骂骂孩子。他知道儿子错过了壮观的美景，再加上无法跟别人交流这次体验，因而特别沮丧。

我们这些热爱大自然的人都喜欢跟他人分享喜悦，并且希望知道最好的分享方法，把我们的灵感传达给他人。但是正如我的朋友经历的那样，我们发现有时想要分享并不容易。在我最初做户外教育工作的时候，我也知道我面临着巨大的挑战。最难的便是要去集中精力旺盛的孩子们的注意力，让他们能在我的带领下，用内心去感受那种微妙的、有意义的自然体验。

经过30年的反复尝试，我对教学有了一些见解，这些见解在我的工作中发挥着至关重要的作用。或许你自己也已经开始尝试这些方法了；或许你跟我一样，也是在直观的感受中发现这些方法的；或许你给了它们不同的名称。无论如何，它们将使你的课堂更加生动有趣，充满启发性。自从发现这些方法后，我开始怀着极强的毅力，去实现一些我作为自然教育家为自己所设立的最高目标。

在为他人和自己阐明这些方法的过程中，我发现这些方法彼此联系，有着惊人的系统性与灵活性。我把这一系列的方法命名为流水学习法。因为它介绍了一种亲近自然的活动的方法，这些方法带着指导性跟彼此联系的目的性。流动学习的美妙之处，在于它为你展示了如何站在学生的角度去思考问题并激发他们的参与积极性，逐步地通过不断增强的亲近活动和深层次体验，引导他们在欢乐中形成全新的意识和理解。这种流动学习方法简单有效，我相信你们在使用过程中会非常开心。

第二章

深入了解自然，唤醒自身感官

当了这么多年探索自然活动的领队，我逐渐悟出了一套最有效的游戏和活动组合。这种组合的有效程度不受小组成员的年龄、情绪或者是物理环境的影响。我确信，人们之所以对这种独特组合如此看好，是因为这种组合与人类内心某种柔软细微的情感相得益彰。

自然而然地，我把我所知道的所有课外活动加以组合，创造出了这种自然教学法。这种教学法我已经运用了十多年，哪怕小组成员来自很多不同的国家，或是处于不同的年龄段，有着不同的人生背景，该方法也每次都能让活动取得巨大成功。

之所以称这种方法为流水学习法，是因为该方法分为四个阶段，整个过程由第一阶段自然平和地过渡到第四阶段。

第一阶段：唤醒热情

第二阶段：集中注意力

第三阶段：亲身体验

第四阶段：分享灵感

让我们依次来了解这四个阶段：

第一阶段：如果没有对大自然的热情，你将永远不会体验到大自然的美好。这里的热情不是指瞪大眼睛、上蹦下跳的兴奋，而是一种投入的、强烈的内心感受，感受到对大自然的兴趣以及个人对自然所具备的敏锐的洞察力。

第二阶段：对大自然的了解取决于你的注意力的集中程度。光有热情是不够的，如果我们心不在焉，我们便不能感受到自然鲜活的存在，甚至不能感受到任何事物。因此我们必须把我们的热情化为一种充分集中的注意力。

第三阶段：注意力逐渐集中后，我们就能对我们的所见、所感和所闻有更好的认识，这些都是直接的感官感受。有了这种集中的注意力后，我们就能深入地感受到我们身边的大自然的韵律和流动。

注意力的集中使我们内心宁静，它让我们敞开心扉，不受任何干扰，以一种平和的心境去更直接地体验大自然。因此，第三阶段是亲身体验。

第四阶段：体验能带来更深层次的感受。为什么这么说呢？在《与孩子共享自然》这本书里，我描述了一种叫作“静止搜寻”的游戏。在游戏过程中，游戏玩家保持静止状态，此时的大自然回归到它原本和谐的面貌。想象一下这样的画面：你静静地站在森林里，寻找着动物们的身影。鸟儿们栖息在离你头顶不远的大树上。静静地站着，你开始体验到一种自然与人合一的、令人愉悦的感受。就好像你融入到了整个景色里，你在通过鸟儿、小草、摇曳的树枝，感受着生命的美好。在这种静态里，你时而欣喜若狂，时而感受到幸福的宁静，体味到难以言喻的美丽，感受着造物主的强大力量。大自然总是那么振奋人心。但是我们内心的纷扰总是蒙蔽了我们的双眼，使我们无法体味这让人快乐的美。

领队能通过讲述与自然有关的激励人心的故事，或者是通过讲述那些伟大的自然学家和生态环保者，例如瑞秋 · 卡森、约翰 · 缪尔、阿多 · 利奥波德、亨利 · 大卫 · 梭罗等人的人生经历，帮助小组成员加深对自然的感受。

我把第四阶段命名为分享灵感，是因为分享能加深我们的感受，并使这些感受更加清晰明了。

流水学习法带来最棒的体验

流动地学习能让你收获各种自然体验。每一种体验都源自不同的环境，都是独一无二的。尽管流水学习法只基于几个简单的原则，但它不是一系列要求你按部就班的死板活动。你可以把这种方法用于我书中提到的游戏和活动中，或者用于其他你所知道的活动资源。

我将流水学习法成功地运用于各种活动中，这些活动持续时间从半小时到一天不等。雨天的室内活动和晴天的室外活动我都会采用它。这种方法非常灵活，它让你能自由地对当时所需采取相应对策。流水学习法的目的在于真正意义上使每个人都能加深对自然的体验。每次流动学习教学课结束后，人人都能体味到一种微妙的、快乐的、人与自然合一的新感受。同时，对生命的敬畏之情也更加强烈。你还会发现，如果你一开始就给大家营造一种聆听、学习的氛围，大家会更加积极地倾听关于自然历史和生态学方面的讨论。

一次成功的徒步旅行

几年前，当地的一所学校邀请我带领一群小学生进行一次认识大自然的徒步旅行。活动当天，天气极其炎热，更糟糕的是，徒步旅行刚好被安排在午饭之后。那天又是一学期的最后一天，学生们头天晚上都熬了夜，个个无精打采，心情烦躁。当老师宣布户外活动和游戏时间到了的时候，他们几乎连反对的力气都没有了。“我不想去”。“外面好热啊”。“我很累”。“可以不去吗”？

当天我邀请了一位摄影师同行，帮助我们拍摄照片。但是看到当时的情形，我对于活动结果也没有太大信心。从当时拍的照片可以看出孩子们对这次活动并不感兴趣。

活动还没开始我已察觉到这一切，但是我得把孩子们从不感兴趣的迷糊状态中解救出来。我催促他们到外面集合，然后带着他们玩起了“扮演动物”的游戏。首先，我让孩子们选择他们想要扮演的动物，接着我又指示哪个孩子扮演动物身体的哪一个部位。孩子们要演蝎子。就在他们站成一排扮演蝎子的身体，又扭来扭去演出蝎子的动

游戏就在这酷暑难耐的 6 月和一群疲倦又不乐意的孩子间展开了。

瞧瞧孩子们的姿势跟表情的转变——“扮演动物”游戏点燃了孩子们的热情。图中孩子们正一起扮演一只蝎子呢！

游戏火热地进行着。尽管学习的是有关食物链的知识，孩子们仍然玩得十分开心。

在“声音地图”中，我们专注倾听来自身边的自然之声。

作时，他们已经有了精力和热情了。孩子们不再抱怨，也不再单腿站立进行无声抗议了。不一会儿，他们就玩得十分开心，很快又期待玩别的游戏了。

接着我们又玩起了“生命金字塔”的游戏，［这是第一阶段（唤醒热情）设置的游戏］。游戏阐述了食物链的构成：位于食物链最底层的是植物，接着是食草动物，食物链最高层为食肉动物。

游戏过程中，你可以让孩子们选择扮演一种植物、食草动物或是食肉动物。游戏的秘诀在于别告诉他们你会让他们用身体搭建金字塔，金字塔的底层是他们扮演的植物，最上面是他们扮演的老虎和狮子！（注意一定要在柔软的空地搭建金字塔。因游戏结束时，孩子们

“我是摄像机”游戏总是特别受欢迎，游戏参与者能真实地体验自然。

难免滚落在地上，柔软的地表能予以缓冲。同时不要搭建高于三层的金字塔。可以让那些身体不便参加游戏的孩子搭手稳固塔身，或帮助其他孩子在搭建中摆正身体的位置。）

当时天气过于炎热，已然不适合再进行另一项激烈的游戏。而且孩子们玩得十分开心，似乎也可以进入深度的体验了。于是我们开始了一项第二阶段（集中注意力阶段）的游戏：“声音地图”。游戏中，孩子们要闭上眼睛一到两分钟，期间，他们每听到一种来自自然的声音便竖起一根手指，然后再一起讨论所听之声。

接着我们又开始玩“我是摄像机”的游戏。这是第三阶段（亲身体验）的活动。孩子们组建了一个个两人小组，一个扮演摄影师，另一个则充当照相机。“相机”要闭上眼睛直至摄影师“拍下”一张漂亮或有趣的自然物品或风景图片，然后轻轻地按下“相机”的耳朵3～5秒，“相机”才能打开镜头盖——“眼睛”。“相机”睁眼看到的世界是新奇而又有趣的。因为他观察事物的时间短暂，不会受到任何思维的干扰。（详情见118页）

从随行摄影师拍摄的照片来看，此时孩子们都已全身心投入到活动中并且玩得非常开心。当时气温已经超过了38摄氏度，我们决定到橡树底下乘凉。这时，我们开始了第三阶段（亲身体验）的游戏。游戏名叫“神秘动物”（详情参见90页）。游戏规则如下：当你描述一种动物时，让小组成员闭上眼睛，你不能告诉他们动物的名称（应选择外表和行为较为有趣的动物），而是通过描述，带着听众运用想象踏上一次旅途，旅途目的地住着多种动物。然后在描述中给他们展示

“神秘动物”游戏激起了孩子们对陌生动物的兴趣。照片中，他们正在研究照片里的动物。

动物的生存环境，告诉他们动物的模样，它们如何觅食，如何打发时光，等等。故事讲完后，你需要给成员们派发一些铅笔和纸张，让他们试图根据你的描述画出动物的样子。

神秘的动物牢牢地吸引住了孩子们，甚至成年人的注意力。游戏中的神秘因素让参与者对所听到的动物充满好奇。他们全神贯注地听着这些关于动物的描述，试图辨别出它们的身份。他们在这个过程中学习到了许多新的东西。

我们小组的孩子们静静地坐着，听我描述着动物。当我拿出一张沙漠更格芦鼠的照片时，孩子们同时凑近来，个个眼睛里充满好奇。他们仔细地研究着照片，想看看自己画的动物与照片中的动物是否相似。

这一天以讲述自然学家激励人心的故事结尾。

此时孩子们都非常放松，也都乐于聆听并接受新的知识，所以我在给孩子们讲述了一则关于约翰·缪尔的激励人心的故事后结束了当天的教学课。

让孩子没有干扰地享受大自然

当你置身户外时，身边可能会有太多的干扰让你无法静心观察大自然。除了像汽车、机械，甚至人声的干扰之外，我们还可能因为气温的炎热或寒冷，个人对某些问题的担忧而受到干扰。流水学习法的一大优点是能使人们放松心情，这样，人们就能带着愉悦的心情尽情享受自然。

一条河流中强有力的水流能把河岸边的小旋涡收入囊中。同样的，当你用一些集体力与脑力于一身的趣味游戏来拉近人们与自然的距离时，游戏时所需要的高强度的注意力将会使人们忘却生活中的烦恼和不愉快。没有个人担忧的干扰，人们就能带着饱满的热情和集中的注意力去享受迷人的体验了。

流水学习法的四个阶段

让我们一起来进一步仔细研究流水学习法，找出每一阶段最具效果的活动。

第一阶段：唤醒热情

“没有什么比热情更具感染力。热情的特点是真诚，没有热情，真理也无法取得胜利。”

——布尔沃-李顿

正如本阶段名称所指，这个阶段是充满热情和趣味的。各种各样的游戏和活动使本阶段充满活力。当你发现大家都带着极大的热情快乐地参与到游戏中来时，你就知道你已经达到本阶段的目标了。

在《与孩子共享自然》这本书里，我称此阶段的游戏为“水獭游戏”。水獭是唯一成年时期还整天玩乐的动物。通过快乐共享，唤醒热情这一阶段拉近了人们彼此间的距离。在这一阶段里，大家都能在敏锐观察和热情参与的基础上获得更加微妙的、更加有意义的学习体验。

当你带领大家外出时，制造良好的开端是至关重要的。因为人们通常在活动开始的几分钟内就能预知到自己在接下来的活动中是否能玩得开心。因此，你首先就要让他们相信活动会给他们带来很多乐趣。也就是说，至少在这次活动里，他们将尝试一些新鲜有趣的事物。第一阶段就要达到这一目的。比起孩子，成年人和青少年更有可能对活动持观望态度。但是我见识过第一阶段游戏的魔力，他们甚至让那些心存极大疑虑的人打消了顾虑。

“野生动物爬爬爬”和“动物逐个找”是极为有效的破冰游戏。这两个游戏能鼓励那些心存顾虑的人全力参与。“野生动物爬爬爬”游戏最能制造欢乐的气氛。游戏过程中，两个人组成一组，相互贴一张动物图片到彼此的背上，然后由你下令让他们开始彼此提问，直至他们答出自己背后所贴为哪种动物。当大家看着游戏参与者背上贴着的臭鼬或者秃鹰的照片哈哈大笑时，几乎没有人能够不受这种欢乐气氛的感染。（详细游戏指南见《与孩子共享自然》一书）“动物逐个找”游戏是书中后面部分提到的游戏，它的效果也非常好，而且这个游戏耗时更短。

小学生总是精力充沛，唤醒热情阶段则合理地利用了孩子们充沛的精力。通过进行几轮热火朝天的游戏，孩子们的注意力都被调动起来后，你就可以用更加细微感性的游戏来提升欢乐的层次了。一旦他们明白你是一个懂得玩乐的人，他们就会耐心地听取你的建议了。

这些充满乐趣的游戏能让孩子们的精力高度集中，也就有效地抑制了一些潜在问题的发生。孩子们完全沉浸在欢乐的游戏氛围中，根本就无心搞恶作剧了。

第一阶段的游戏具有很大的魔力，一直让我惊喜不已。这也让我想起了上次的日本小组。尽管当时我们的交流需要通过翻译来完成，但这些游戏还是发挥了它们的魔力。当时小组的成员都是成年人，他们个个都极其礼貌，表情严肃，认真地听着翻译人员的话。在一番简短的自我介绍后，我给他们解释了“野生动物爬爬爬”的游戏规则。他们都过于礼貌，我心里没底，不知道游戏效果将会如何。当大家听着翻译人员的话突然都开怀大笑的时候，我终于松了口气。我几乎能感觉到整个小组的情绪在高涨，这种高涨的情绪为后面的活动奠定了充满生机的热情的基调。

当天晚些时候，我跟15个天真烂漫的二年级小女孩和5个10岁的小男孩做游戏的时候，成年组的成员都在观看着。小男孩们有些顽皮，他们相互推搡，你打我一拳我打你一掌，时不时说出一些俏皮的话。

要搭建一种有趣又易于合作的氛围，我首先就得勾起男孩子们的兴趣。我让他们停止打闹，手拉着手围成一个圈儿。至少表面看来，一切都在我的掌握之中。我带他们玩起了“蝙蝠和飞蛾”的游戏。我

选了5个男孩儿，让他们扮演飞蛾，而我自己则扮演一只蝙蝠。当我蒙着眼睛在他们围成的小圈里飞来飞去的时候，我只能利用声波来捕获猎物——飞蛾。我只要一喊“蝙蝠！”他们就得喊“飞蛾！”这样我就能根据声音设法抓住他们。这游戏让“小飞蛾”们兴奋不已。参与游戏的女孩子们也都非常高兴。游戏持续时间大约10分钟，到游戏结束时，孩子们个个玩得十分开心。他们迫不及待地想知道我接下来会教他们玩些什么游戏。

这些经历告诉我们：关注小组成员的需求，谨慎地选择开头活动是极其重要的。“野生动物爬爬爬”游戏在不损害成年人颜面的情况下，给他们带来了一些有趣的并能锻炼身体的挑战。成年人可能不大喜欢消耗体力、吵吵闹闹的“蝙蝠与飞蛾”的游戏；可如果我让孩子们玩“野生动物爬爬爬”游戏，男孩子们可能就有时间去搞恶作剧了。

当你对游戏非常熟悉，又对掌控不同年龄段的小组有了经验后，你会发现，洞悉一个小组的需求，然后选择适当的游戏，变得越来越容易。

第二阶段：集中注意力

当伟大的植物学家乔治·华盛顿·卡佛还是一个小男孩的时候，他十分热衷于观察大自然。事实上，他因超强的辨别植物病症的能力而在家乡的小镇小有名气。大家都称他为“植物医生”。他能通过细心地了解植物的需求来提供治疗植物病症的方法。大家都讶异于卡佛所掌握的关于植物的知识。更让大家惊讶的是，只热衷于研究树木花草的卡佛竟然从来没上过一天学。

这一切对于小卡佛来说，都非常简单。当人们对他的技艺表示惊讶时，他总是说：“大家都只是看花儿，但是并不懂花儿。如果他们试着去了解花儿，他们也会跟我一样知道花儿出了什么毛病。”

如果我们像卡佛一样全心全意地去观察，我们也能以全新的视角去理解自然。在唤醒热情阶段即将结束时，大家都感到非常快乐、放松，同时又充满激情。此时你可以将大家的这种热情和精力集中起来，让大家带着热情全心全意地参与到游戏中来。

要全心全意关注大自然，我们必须静下心来。但是如果一开始就采用安静、感性的活动，许多人会因心思浮躁而无法静心参与到活动中来。集中注意力这一阶段作为一座桥梁，连接着充满活力的游戏和

需要集中注意力的安静的游戏。

集中注意力阶段的游戏简单有效。它们不仅能让大家更善于观察，而且能让大家用心欣赏自然之美。

你会发现，要创造一些属于你自己的注意力游戏是非常容易的。这些游戏的效果与我书中介绍的游戏效果相差无几。关键是要突出某种感官（触觉、视觉、听觉）的功能，并用一种圆滑的方法去帮助参与者集中注意力，参与到游戏中来。

“自然寻踪”游戏是有效利用视觉的一个很好的例子。游戏中，选手将试图寻找你在沿路摆放的一些人造物品，找出越多越好。一些物品很容易被发现，另一些与自然环境相融合的东西，比如生锈的大铁钉，就相对难找一些。

在这个游戏中，物品的摆放要有一定的难度，这样能调动参与者找到所有物品的决心，他们在集中注意力寻找的过程中也能锻炼观察能力。曾经有一位老师告诉我，她有一次忘记给25米长的道路标上终点，当她意识到问题找到学生的时候，学生们都已经兴致勃勃地又找了180米。

集中注意力阶段我最喜欢的游戏是“辨声”游戏。游戏中，你要让小组的成员找到一块舒适的地方坐下，成员之间间隔不要过远。然后让组员们闭上眼睛，将手举起。每次听到一种来自自然的声音，他们便要伸出一根手指。给他们两分钟的聆听时间，然后要他们轮流描述他们听到的声音。“辨声”游戏简短好玩，用来集中组员的注意力是非常有效的。同时也能缓和大家玩第一阶段游戏时激动的情绪，为讲故事或者讨论自然历史做准备。“辨声”游戏还能以一种新奇的方式让人们感受来自大自然有趣又美妙的声音。

“声音地图”是我非常喜欢的另一个游戏。（该游戏在本书后面的章节有详细介绍。）在游戏过程中，你需要给每个参与者一张4厘米×6厘米的卡片以及一支铅笔，让他们拉开与彼此的距离直至完全不能对话为止。每个参与者在卡片上画上地图，卡片正中央标上“X”符号以显示他们所在的位置。每当他们听到一种声音，他们便要仔细辨别声音传出的位置，并在地图上标注出来。画地图的重要性在于它能集中参与者的注意力和听力。“声音地图”游戏跟“辨声”游戏一样，都是自然而简单地帮助参与者加深对周围环境的认识。

集中注意力阶段无须持续过久，5～15分钟足矣。（可根据自然环境和参与者的年龄以及情绪适当调节时间长短。）当然如果周围的环境十分壮观美丽，比如有成群的水鸟飞过水面这样的壮观景象，那么你可以完全忽略第二阶段的游戏。美丽的环境所具有的魔力会牢牢吸引大家的注意力，你所要做的就是尽可能地让他们完全融入到环境中。

如果你发现你要带领30个孩子在一整片水泥地面进行体验活动，周围只有一株孤零零的小树苗，你会怎么做呢？我有时就会遇到这样的大挑战。在帮助他们以全新的视角来观察这棵树之前，你得花费很长时间来激发他们的兴趣。另外，如果你真的遇到这种情况，你或许可以借鉴本书后面章节提到的一些与树木相关的活动。

在第二阶段，重要的是要仔细观察组员的热情程度和感受力。时不时问问自己：“他们真的准备好进行更加感性的体验了吗？”如果他们还没准备好，那么你需要问问自己："我应该用什么游戏来激发他们的热情，集中他们的注意力呢？"

第三阶段：亲身体验

"任何单纯的文字描述都无法让人体会到高山的巍峨……大自然恬静大方地将自己置于摄影师的镜头里。然而，世间再也没有比人类灵魂更为敏感丰富的物质了。我们需要的只是亲身接触并保持内心纯净。"

——约翰·缪尔

夜幕降临的森林里，我和一群15岁的少年赤足走在一条小道上。我们都不说话，安静地感受夜色的宁静。大概是我们过于安静，太不显眼，森林里的动物们见到我们并不害怕，它们好奇地匆匆看了我们一眼就又自顾自地走开了。面对这宁静的夜晚，加上身边围绕着的一群镇定自若的动物，我们觉得自己好像与周遭建立了一种和谐自然的亲密关系。

行走时，我注意到一个名叫盖瑞的小男孩。他专注地观察着在我们头顶飞上飞下的蝙蝠。后来当我们谈论起当时的情形时，盖瑞说他本来是非常害怕蝙蝠的，但是夜晚的宁静让他丝毫不惧怕去观察它们。他说他甚至开始欣赏蝙蝠飞来飞去的优雅与美丽。

盖瑞内心的宽广与沉着使他战胜了对蝙蝠的恐惧，他甚至开始欣赏起蝙蝠来。在生活和工作中，我多次亲历人们在亲身体验大自然中敞开了自己的心扉。

所以，每当我带领小组到达一个地区，我一定会先观察当地地形，然后选择一些能让他们直观感受并参与体验的环境。接着，我会

设置一些活动，让组员们亲身体验到周边环境某个特定的方面。比如，有一次我和30来个朋友一起去加利福尼亚的红杉林野炊。我发现大家都很想跟这些参天大树来个亲密接触。于是我用绳子设置了一条条小道，然后让他们蒙着眼睛跟着我去探索许多有趣的地方。在探索过程中，他们有时用手触碰，有时用耳倾听，有时又用鼻子去闻。在路线的设置上，我花了很多心思。路途迂回曲折，充满冒险的趣味。组员们穿过一棵棵排列紧密的红杉树，蹚过一段湍急的小溪，在忽明忽暗的森林空地里穿梭着。

最后，他们走到了路途最精彩的部分。那儿又暗又安静，一些人还以为他们进入了一个洞穴。他们听不见鸟叫和风声，脚下的土地也不再松软。再往前走，他们得低头，甚至爬过一段光溜溜的地表。一点点地，他们被绳索带到了一片片未知之地。有些人开始担心了，但是我向他们保证他们非常安全并鼓励他们继续前进。他们谨慎地向前走着，伸展着手臂。通道变得越来越狭窄，他们摸到了粗糙的墙壁。好几次，组员们的欢呼声打破了周围的沉寂。他们认出了我们所在的地点。最终，大家沿着绳子从一个小的方形出口爬出来了，迎接他们的是耀眼的阳光。

回到出发点，大家摘下眼罩，又原路返回，重走了一遍。刚刚没能猜出我们目的地的人欣喜地发现，他们爬过了一棵中空的倒下的红杉树。他们从树根爬入，连爬带走了十多米后，从树木侧面的小窗穿出。他们讶异于红杉树惊人的尺寸，仔细观察了它好久。

如果我直接把他们带到树跟前，然后告诉他们这棵树生长了多少年，介绍树木适宜生长的环境，他们可能不会有太大的兴趣。他们或许会用手摸摸然后抽象地在脑子里略微想想。但是经过这次神秘的体验后，他们被红杉树的古老和巨大所震惊。曾经的参天大树为何倒地不起呢？很多朋友们都静坐了很久，静静地思考着这棵原始的，轰然倒下的参天大树。

尽管第三阶段（亲身体验）和第二阶段（集中注意力）的活动有些类似，但是在一些让人们亲身接触自然的游戏方面还是有所不同的。比方说，蒙着眼睛让人们无法看到实物，能突出他们其他感官的灵敏度，以此帮助他们用全新的方式体验周围的环境。亲身体验阶段的活动的设置目的，在于加强参与者的一种甚至多种感官体验。比如，《与孩子共享自然》一书中的“学鸟叫”游戏和“蒙眼走道”游戏，以及本书中提到的“我是摄像机”游戏。

你甚至能让人们在公园这样的环境里收获对自然的深刻感受，你所需要的仅仅是一点创意。流水学习法的一些技巧在一些困境中得到了发展和改善。当下雨天活动不得不在室内进行时，你仍然可以用到流水学习法各阶段的一些技巧。借助于想象力，很多活动仍然能给参与者们快乐的自然体验。（参见本书后面提到的“我是一棵树”游戏和“神秘动物”游戏。）

对大自然的亲身体验能让我们全身心地投入自然的怀抱。这些体验让我们挖掘出了内心深处的一种归属感和认同感。如果人们要发展对我们所生活的星球的关心与热爱，亲身体验是必不可少的。否则他们对自然的理解只是表面的、疏远的空谈。

有了对大自然直接而深刻的体验后，我们的内心会更加平静，也会更加善于聆听，使整个身心都沉浸于活动中。亲身体验大自然唤醒了我们内心对大自然的敬畏之情。它让我们敞开心扉去感受其他真实存在的实物。有了对大自然的亲身体验后，我们开始能关注周围的一切了。只有具备这种投入的情感，我们才能开始了解自然。

梭罗说：“只有忘记自我，我们才能更接近上帝。”自然也是如此。在第三阶段的游戏中，组员们都跳出了自己的小圈子。他们从束缚的茧中挣脱出来，去探索一个更加丰富、更加辽阔的和谐世界。

第四阶段：分享灵感

“与人分享快乐会让你加倍快乐。”

——歌德

第三阶段游戏即将结束，参与者们高兴之余，内心也渐渐平静下来，他们已经准备好聆听传达伟大的自然学家、环境保护学家以及生态学家高尚思想的故事。此时他们的情绪也非常适合参加那些既能凸显大自然的美丽温暖，又能让人振奋的游戏。

此时，让他们在游戏中谈论先前的体验也是一个绝佳的时机。分享体验能增强参与者对自然的敬畏感，同时也能增强团队的凝聚力。分享灵感阶段的简单游戏也能带来成员之间的一种亲近感，给这一天画上完美的句点。领队通过了解人们的所思所感，能产生更多好的教学思路以供之后的教学所用。

分享灵感阶段的游戏和活动都非常简单。例如，在“我是一棵树”游戏中，参与者把自己想象成一棵树。接着，他们开始想象自己作为一棵树，一年之内的成长轨迹。游戏最后，参与者们躺在地上透过阔叶树的枝丫看着蓝天，体验着从冬季的萧条到春天万物复苏的季节变换，参与者们内心宁静，生出无限感慨。

“大树”们躺在地上观看了一会摇曳的树枝后，我让他们都站起来用三个字、三个短语，或者三句话来表达他们这“一年”来当“树”的感受。以下是参与者的一些感受描述：

“我感受到太阳的滋养，觉得我好像有种唤醒身边沉睡的植物的力量。”

“寒冬里，即使寒风凛冽，我的根仍能给我安全感，让我毫不

惧怕。”

“生命力，归属感，重生。”

你也可以让参与者用手势和动作来表达他们与你在一起游戏时的所见所感。他们演绎出自己的内心感受，然后让大家猜测他所要表达的意思。如果大家都没猜对，他便可以告诉大家自己演绎的是什么。如果组员们在游戏过程中关系变得亲密并一起见证了一些美丽的时刻，那么这种分享就会非常有感染力。

教授完一节流动学习课后，我和一群组员坐在湿地边看了很久的日落。在太阳落入地平线后，我们玩起了“猜哑谜”的游戏。

一个12岁的小姑娘爬到了坝顶，她面朝着我们，手掌紧扣在头顶上，两个手臂组成一个圆形。她在堤坝上对着我们微笑了一会儿，然后又缓缓往回走到了堤坝的另一端。她的演绎让我们想起了共同欣赏过的美景。

人们的一些美好品质在分享的过程中凸显出来，这常常会让我受到触动。下面的例子是我曾经带过的一个最具挑战力的小组。那次我带的30人全都来自伦敦内陆城市的贫民窟。他们有的留着荧光的尖头发型，有的脸上安着安全别针，还有的穿着背后印着“杀戮”字样的夹克。我从未带领过这样的组员，看到这些内心坚硬的少年们完全沉浸在游戏里，我的内心深受触动。自然教学课即将结束时，他们那不可一世的挑衅态度被在大自然体验中所感受到的亲近与和谐之感一点点瓦解。

通过这次自然教学课，我发现给组员提供分享的机会非常重要。少年们能把自己内心最真实的、对地球的敬畏与关心讲述出来。他们的老师说她已经很长时间没看到这些孩子们彼此敞开心扉、相互尊重了。

你可以用一些伟大的自然学家与自然之间发生的故事来结束户外活动。我尤其喜欢让·纪沃诺所著的《种树的男人》一书。这本书描述了一个人仅靠一已之力使一片荒芜之地重获生机的故事。（这则故事已附录在本书的第165页。）

我也很爱讲述约翰·缪尔生平的一些经历。你会发现缪尔的一些经历非常有助于激发人们去寻求自己内心的梦想。孩子们都非常喜欢听缪尔野外探险的一些经历以及他对动物的那种细腻的感情。青少年和成人则非常欣赏他的人生哲理和他那些使他的生命更加完整的神奇经历。

总的来说，流水学习法就是通过设置一个平台，让个人通过这个平台形成一种思维，从而使深层次的亲身体验成为可能。它是一种让人们更快、更有效地认识自然、了解自然的工具。这种方法基于人类本质，因此能创造性地被应用于各种场合——教室抑或是我们的生活里。现将流水学习法四个阶段的特点和优点总结如下：

第一阶段：唤醒热情

特点：好玩而机敏

优点：基于孩子们爱玩的天性

营造热情的氛围

活力四射的开头让人人都无法拒绝参与

使人更加敏锐，克服被动情绪

吸引人参与

集中大家注意力（减少违纪行为）

与领队建立亲密关系

让整个小组充满活力

提供指导和构架

为后面更加感性的活动做铺垫

第二阶段：集中注意力

特点：感受力

优点：扩大注意力范围

通过集中注意力来加深意识

积极引导第一阶段产生的热情

锻炼观察力

平静内心

加强感受力，为后阶段更为感性的自然体验做准备

第三阶段：亲身体验

特点：全神贯注

优点：个人的探索是最好的学习方式

提供直接的、体验式的、直观的理解

锻造敬畏感、推己及人的共同感以及爱的能力

增强个人对生态环境保护的使命感

第四阶段：分享灵感

特点：理想主义

优点：增强个人体验感受，使之更为清晰明确

基于情绪的升华

引用模范

增强团队凝聚力

为领队提供反馈

领队能与乐意感受的组员分享灵感与感受

调动学习兴趣的好方法

流水学习法不只局限于用在自然研究方面，在教授其他科目上，它也是一种非常好的教学方法。流水学习法的四个阶段，能帮助你深入了解学生的兴趣所在，并因材施教地设计出有创意的自然教学课。比如，当你在教授一节关于探索非洲的历史课时，你就可以借助想象力，让学生们直接感受到非洲的自然景观。要营造出一种非洲热带雨林的氛围，你可以尝试在念早期探险者的日志时播放一些柔和的背景音乐。要吸引学生的注意力，你还可以让他们听一段有关非洲热带雨林的音频，然后要求他们分辨音频里动物声音的种类。

我所认识的一位老师，通过这种方法极大地调动了学生们的课堂积极性。他打开了教室里的加湿器和加热器，同时在教室四周挂上植

物以营造出一种湿热的热带环境。环境设置完成后，他又让学生去植物里寻找他藏的变色动物的照片。

虽然有时课堂条件不便于操作流水学习法，但是对流水学习法各阶段的了解，能让你只选取其中一小部分方法就收获很多。比如，在创意写作课上，为了让学生的作文内容更加丰富，表达更加生动，你可以使用类似于上文所描述的想象力来练习。

比方说，在某个午后，大家都昏昏欲睡，要调动大家的学习积极性，就需要带领大家玩一些第一阶段的游戏来振奋他们的精神。如果游戏过后大家情绪过于兴奋，那么就利用一些第二阶段的游戏来让他们平静下来。

优秀的教师都通情达理，思维灵活。使用流水学习法的效果取决于你对不同小组的处理方式。当发现有更有效的方法来激发学生的兴趣、吸引他们的注意力时，你要灵活地改变计划。

前不久，我与一位曾在大峡谷国家公园工作过的女士聊天，她是一名自然学家。她告诉我，当她设法把自己对大峡谷的感受告诉给游客，而游客并不是那么感兴趣时，她有多么沮丧。游客们只是被她一个人的热情被动地推着走。虽然游客从她的讲解中多少能收获一些东西，但她并不满足于此。因为她感觉这样只是把自己的想法强塞进游客的脑子里。

我的这位自然学家朋友觉得自己的付出并未得到回报。然而她不知道，要让人们对自然或某种物体产生持久的深厚感情，我们必须要让他们亲身去体验。对自然的热爱总是建立在个人亲身体验上的。

当我与她聊天时，我意识到她一直都在强调自己对大峡谷的感情，而没有让他人直接去接触大峡谷，在体验中形成他们自己的感受。难怪她的游客们都非常被动，丝毫未受到她的感染。如果她一开始就能意识到游客们的不在乎源于他们对事物的不了解，她的工作可能会比现在让她快乐多了。一旦发现这个问题，她便可以花些时间来激发他们对大峡谷的兴趣，吸引他们的注意力，为后面的亲身体验做好铺垫。最后她可以用一些发人深省的故事和经历来结束这次参观活动。

教育一词源自希腊，原意为“提取、产生”。当学生们能够通过亲身体验来学习我们所传授的知识，自然教学课在他们眼里就变得有意义了，他们也会更加积极地投入到学习中来。亲身体验的学习方法在课堂内外是同等重要的。

第三章

丰富有趣的自然游戏，培养孩子的生存能力

本章节内容主要是通过各种游戏和活动来阐述流水学习法的四个阶段。这些游戏和活动，既可用于流动学习自然教学课，也能单独使用。为了让大家更快地辨别出利用游戏达到最佳效果的时机，特此附上一个游戏说明供大家参考。

游戏说明：

A．每阶段的特征都以某种动物形象来表现

	第一阶段：唤醒热情 水獭成天嬉戏玩闹。它们是唯一成年时期还成天玩闹的动物，体现着大自然无穷的乐趣。
	第二阶段：集中注意力 乌鸦是一种警惕性超高的聪明动物。它们时刻都在专注地观察着周围的事物。
	第三阶段：亲身体验 熊天性猎奇。它们孤僻安静的性情也让它们成为亲身体验阶段的最佳代言人。
	第四阶段：分享灵感 海豚是一种群居的、乐于助人的生物。它们相互合作关爱彼此，同时它们也关心着其他生物。海豚救人的故事不胜枚举。

B．概念、态度以及人们从游戏中学习到的一些品质

C．玩游戏的时机和地点

D．游戏参与者的人数

E．最佳年龄段

F．特殊材料

该游戏说明有助于你规划出游活动。举例如下：

游戏说明：

A．本游戏属于海豚阶段

B．游戏目的：表达你对大自然的爱

C．游戏时间/地点：一天的任何时段/任何地点

D．游戏人数：1人或以上

E．游戏参与者年龄：5岁或以上

F．特殊道具：乐器（如有必要）

猜猜动物——激发孩子的活力与热情

游戏说明：

A．本游戏属于水獭阶段

B．游戏目的：认识动物的种类和特征

C．游戏时间/地点：任何时候/任何地点

D．游戏人数：5～40人

E．游戏参与者年龄：6岁及以上

F．特殊道具：动物线索卡

当我还是婴儿的时候，我的体重便以每小时4千克的重量在增长……当我休息的时候，我的脉搏每分钟跳动480下。当我剧烈活动时，我的脉搏将达到每分钟1280下。作为一个无脊椎的家伙，我可是有很多特点的。我可以通过湿润的皮肤来呼吸和吸收水分。我的两只脚掌有蹼。我出生时跟我的爸爸妈妈相貌一样——8只眼睛8条腿，身体分为两个部分。我们家族的成员都没长翅膀，也都没有触角。

“猜猜动物”游戏在流动学习自然教学课开始时，可以极大地激发组员们的热情。该游戏能让气氛升温，并增强小组的凝聚力。

在“猜猜动物”游戏开始前，你需要稍做准备。准备好40张5厘米×3厘米的卡片，每张卡片上写下一种让大家识别的某种动物的特征。每种动物的特征限10种，动物限4种。一旦你熟悉了游戏流程，你就可以自由规定动物和线索的数目。

游戏时，打乱线索卡后，给每个游戏参与者分发一到两张卡片（每人可收集到一个或一个以上动物的线索）。游戏成员全都站立以便更好地融入游戏。

告诉游戏参与者，他们的目标是区分出4种动物并收集到10张描述该动物特征的线索卡。组员们在你给出开始信号时才能开始行动，以确保大家在同一时间开始。

游戏参与者喊出卡片上描述的动物名称。某个游戏参与者的卡片上可能会写“你是温血动物，长着长长的尾巴和4条腿。”参与者想，“可能是只松鼠？”于是他喊道：“松鼠！松鼠！”接着该名选手看到其他几个人都朝猜水獭的那个人走去，他意识到这有可能是只水獭，于是他也加入该组，跟着他们一起集齐10张描述水獭的卡片。

要尽快找到答案，一组应该指派一人去收集其他9张线索卡。同样的，他们应该各指派一人分别去收集其他3种动物的线索。这样一来，参与者便可以把手中的水獭线索卡交到收集者手中，自己去专注收集其他动物的线索卡了。

领队也可以融入到小组中去，给他们提供必要的帮助。但最好是组员们相互帮助。对于那些识字不多或者对某些动物不熟悉的孩子，可以给予一些简单的提示。

当小组成员们集齐了所有的线索后，检查线索卡。当所有的动物都被猜出、所有的线索卡都收集好之后，让每个小组的成员大声念出他们找到的最有趣的线索，两三条为佳。

以下是关于如何写线索的一些提示：

如果不是跟经验丰富的自然学家玩游戏，最好选择特征明显、易于辨认的动物。比如，熊和蛇很好区分，但是要辨别熊跟浣熊就非常困难。写出易于辨别的动物的特征也相对容易些。

如果一条线索同时适用于两种动物，那么就需要再加上一条特征来把这两种动物区分开来。比如，当你在写一只青蛙跟一条鲸鱼的特征时，“我必须浮到水面呼吸”这样的线索就非常模糊，因为它同时适用于这两种生物。最好加一条，比如，“……我产卵”，这样意思就比较清晰了。

你还可以把“猜猜动物”游戏的规则稍作修改，让年纪稍小的孩子也能玩。你只需写一些简单易懂的线索并在卡片上画上图画。比如，你可以在卡片上画上一个小洞，然后配上线索“这是我的家”或者画上一只鸭子的脚掌并标注“我的脚长这个样子”。对于年纪较小的游戏参与者，游戏中的动物和线索数量应酌情减少。

“猜猜动物”游戏范例

在游戏中，你可以直接使用以下线索或酌情简化以方便年龄较小的玩家，亦可删除一些易被猜出的线索来增加难度，使之适合相对成熟的玩家。

蓝鲸

我是地球上最庞大的生物。我的体积是史前恐龙的三倍还多。我的体重跟35头非洲大象一样重。

我能与35米内的同类交流，这是因为声音在水底比在空气中传播得更快。我使用声纳，就像蝙蝠一样。

我长着非常厚重的脂肪（一年中有时厚达半米多）。我的脂肪让我即使在冰冷的海洋里也非常温暖。即使长着这么多的脂肪，我看上去还是光洁又美丽。

我是温血的哺乳动物。我不产卵。

我通过头顶的两个洞口呼吸。我的某些亲戚头顶只有一个洞，但它们可以憋气一个半小时并能潜入两千多米以下的洋底。

由于人类过度捕杀，曾经多达上百种类的家族成员只剩下我们6种了。

我主要吃一种叫磷虾的生物。我每天要吃大概3吨磷虾。

很多动物爬出海洋生活在陆地上，但是我喜欢回到海洋里。

当我还是婴儿时，我就已经重达70吨，长达7米。我以每天90千克的重量在增长，也就是每小时3.75千克。当我3岁时，我已经长达15米了。

在不溅起大水花的情况下，我每小时能游45千米。

蜂鸟

我守护着属于我的那片花儿和花园。我大概每天要吃50～60顿饭。

由于周身颜色明亮多彩，在美国南部和中部的人们称呼我为闪亮日光、红尾彗星、白腹林中之星、紫冠仙子、太阳天使，等等。

我有2条腿，骨中空，我是温血动物。

有一种世界上最小的温血动物是我的同类，它们只有不到10厘米长。我耗能多，如果人类耗费体力跟我一样，那他们每天得吃160千克

土豆或者60千克面包来维持体力。

当我休息的时候，我的脉搏是每分钟480下，当我活动时，脉搏可以达到每分钟1280下。

我以花露为食，但我也吃昆虫。我不收集花粉。

我可以直飞云霄，俯冲大地，侧着飞，向前飞，向后飞，或者在空中盘旋。我几乎起飞就能达到最高速度。

我通常只产下两颗豌豆大小的白卵。我的鸟巢只有两厘米多宽。

我的喙很长，脚掌很小。

我飞翔的时候翅膀扇动飞快，发出嗡嗡的响声。我的翅膀每秒钟能扇动79下。

蜘蛛

一般情况下，我们的身体是棕色、灰色或者黑色的，但也有红色、绿色或黄色的。我的腿不是2条，也不是4条。说真的，我一点也不坏。

我能消灭那些携带疾病或对植物有害的昆虫。我的骨骼长在体外。

随着年龄和体积的增长，我的皮肤会改变，这个过程被称为蜕皮。在成年之前，我要蜕皮4～12次。成年后体貌便不再改变。

蝎子、蜱、螨类和蟹类都是我的同类。

我有8只眼睛，因此我能看见位于我前后左右以及上下的东西。

出生时，我跟父母的样貌一样——8只眼睛，身体分为两部分以及好几条腿。我没有翅膀也没有触角。

我们这类生物有五万个种类。我们适应能力超强。我们已经存活了三千万年。如今我们当中很多人就居住在你家里。

我用自己设的陷阱来捕捉昆虫。

青蛙

我通过皮肤呼吸并吸取水分。我长着两只蹼。

我们之中的雄性通过唱歌来吸引雌性。但是不论雌雄，我们都不筑巢，也不关心我们的后代。

我有4条腿，2只眼睛，长着脊椎。

我全身绿色，时而住在水里，时而住在陆地上。

小时候的我通过腮呼吸，成年后我的身体发生改变，长出了用来呼吸的肺。

我是冷血动物。我会游泳，在水里产卵。

天气冷的时候，我会待在池塘的泥洞里过冬。

待在水里的时候我才有安全感，不会担心被吃掉。

小时候我吃植物，长大后我吃昆虫。

我是冷血动物。我会
游泳，在水里产卵。
天气冷的时候，我会
待在池塘的泥洞里过冬。
……
一般情况下，我们的
身体是棕色、灰色或者黑
色的，但也有红色、绿色
或黄色的。我的腿不是2
条，也不是4条。说真的，
我一点也不坏。
……

自然过程——充分拓展孩子的想象空间

游戏说明：

A．本游戏属于水獭阶段

B．游戏目的：了解环境概念

C．游戏时间/地点：随时随地

D．游戏人数：12人及以上

E．游戏参与者年龄：7岁及以上

F．特殊道具：无

在这个游戏中，游戏参与者们需要演绎出一段自然现象，比如植物的交替、水文循环、食物链或者是冰川作用、光合作用等的发生过程。老师和领队们可以通过这个游戏来回顾他们之前教授的自然教学课。

自然过程游戏的参与人数最好在12～18人之间。参与者少于12人的话就可能没有足够的人来扮演所有部分。如果参与者多于20人的话，有些人可能会感觉被忽视了。你可以让一大群人参与，但是要把他们分为一个个小组，让每个小组来演绎自然现象的某个阶段。当各个小组都准备好他们的演出时，把他们召集在一起，让他们轮流展示他们代表的那个阶段。让观众们在表演还未结束时不要大声喊出答案。

在游戏开始之前，把游戏规则讲解给大家听。如果人数过多，那么就要把人群划分为一个个小组。给每个小组分配一项任务。限制他们准备工作的时间，并鼓励成员们尽可能地发挥想象力。

有一组被分派演绎水文循环。有的小组成员扮演水滴。水滴无声地从天空飘落，然后从高到低流进“湖”里；其他成员用身体语言演绎出下雨的场景。

本书中描述的很多游戏，都让参与者在游戏的过程中学习到了自然现象的发生过程及其原理。通过游戏，参与者的确学习了知识，但是如果游戏参与者中有人对这些自然现象已经非常了解，那么游戏便会进展得更加顺利。

参与者们对要演绎的自然现象有所了解固然很好，但是也不能过于了解，这样他们会成为整个游戏的焦点，从而使大家在游戏过程中无心合作，懒于发挥想象力。故事情节只能用动作来演绎，不能允许

参与者用语言来解释他们想表达的概念。在演绎结束后，选手们如果愿意，可以用语言重新解释一遍。

树的组成——凝聚力就是这样炼成的

游戏说明：

A．本游戏属于水獭阶段

B．游戏目的：了解有关树木的生物学知识，增强团队凝聚力

C．游戏时间/地点：随时随地

D．游戏人数：12人及以上

E．游戏参与者年龄：5岁及以上

F．特殊道具：无

这个游戏除了拥有让参与者们在欢乐中收获友谊并学习生物知识的魔力，还能极大地增强组员间的凝聚力。

在“树的组成”游戏中，参与者们的主要任务就是演绎出树木的各个部位：主根、侧根、心材、韧皮部/形成层以及树皮。如果参与人数众多，每个部位可同时由几人来演绎。

在介绍游戏之前，我们先了解一下树的组成部分。心材是一棵树的支撑和力量所在；根部（主根和侧根）将树木牢牢固定在地面，并为树木吸收养料和水分；边材则负责将水分输送到树枝和树叶；形成层是树木的生长部位；韧皮部将树叶上的养分输送到树的其他各个部位；树皮起保护作用。

心材：游戏开始前，选两三个身材强壮的人扮演心材，让他们背靠背站着。接着告诉其他游戏参与者："这是心材，一棵树的核心部位，一棵树的力量之所在。心材的功能在于支撑树枝和树干，让它们垂直生长。这样树叶才能享受到充足的阳光。心材可以存活很久，即使树木死亡，心材还可以保存很久。心材死后，曾用于输送水分和养料的输送管道都被树脂填满。"告诉扮演心材的参与者，他们的任务是"笔挺地站着"。

主根：接下来，让几个人扮演主根。让他们坐在心材脚下，脸朝外。对他们说："你们是主根，你们非常长，深深扎根于土地，有的根伸展至地下9米长。主根从土地吸收水分供给树，同时将树牢牢地固定在地面。当暴风来临时，主根能保护树木不被风刮倒。"还要告诉他们，并不是所有的树木都有主根（比如红杉木就没有），但他们扮演的这棵树有。

侧根：选几个留长发且不介意躺在地上的人。让"侧根"们躺在地上，双脚搭在树干上，身体远离树干。对他们说："你们是侧根，你们数目庞大。你们在树木的外侧环绕生长，就像树枝一样。不过你们是长在地底的树枝，你们也帮助树木垂直向上生长，顶部长着很多根须。"

说完后，蹲在某个扮演侧根的人身旁，把她的头发在头顶散开。然后接着说："一棵树木长着长达几万米的根须。这些根须覆盖着它们生长的那片土地的每一寸土壤。当它们发现水分，根须便伸向有水分的地方把水分吸取干净。根须的顶端有着如头盔般坚硬的细胞。我想看到侧根和主根吸取水分。当我喊：‘吸水！’你们一起这样做（发出吸水的声音）。准备好了，让我听听你们吸水的声音！”

边材：现在让一个小组扮演边材。小组的人数要能够围住心材。让他们环抱心材，手拉手，面朝里，同时要注意不要踩到根部。对他们说：“你们是树木的边材部分，也叫木质部。你们从根部吸取水分并把水分输送到树的各个部分。当我说：‘送水！’你们就喊‘哟’让我们一起来一遍。从根部吸水开始，吸水！”紧接着命令边材，“送水！哟！”

韧皮部/形成层：选出一组人扮演韧皮部/形成层。让他们在边材周围围成一个圈，同样，手拉手，面朝里。对他们说：“你们这部分朝里的那一层是形成层，树木生长的部分。树木每生长一年，边材和韧皮部就增加一个年轮。不像你们头发的生长，树木是从主干开始由内向外生长的。”（用一根左手手指从右手手指根部向上推。）

“挨着你们朝向树木外面的那部分是韧皮部。韧皮部将树叶制造的养分分配到树木的其他各个部位。现在让我们把自己的手掌想象成树叶。”

让参与者尽可能大地张开手掌，伸展他们的手臂。让他们的手腕和前臂相互交织，手掌像树叶一样摇曳。

“当我说‘我们来制造养分！’的时候，你们就举起手臂，摆动你们的树叶，从太阳那里吸取能量来制造养分。当我说‘往下输送养分！’的时候，你们就说‘喔’（发出的‘喔’声绵长，音量由大到小。同时你们应双腿弯曲，手臂和身体朝向地面。）大家一起来！”

让所有扮演树木各个部位的小组一起按以下顺序动起来："吸水！""制造养分！""送水！""输送养分！"（注意韧皮部/形成层制造完养分后，边材才开始向上输送水分。同时确保组员们在你喊"制造养分"后才开始举起手臂摆动手掌，这样他们的手臂不会太累。）

让剩余的小组成员扮演树皮。同样，让他们环抱在树周围。对他们说："你们是树皮，你们能保护树木不受到哪些伤害呢？比如火灾、害虫，或者气候骤然改变，拿着小刀的小朋友们都有可能对树木造成伤害。"

然后告诉他们树皮保护树木的方法，对他们说："像足球守门员一样双手抱紧放在胸前，手肘向外。（停顿）你们听见刺耳的声音了吗？这是在觅食的长吻球果螟发出的声音。我去看看我能不能逮到它。如果我没回来，你们就得自己去阻止它了。"

你先躲到树后，然后扮成球果螟飞出。装模作样地皱起眉头，用树枝做触角，头前后移动。用触角瞄准位置后将长吻刺向树干。在树四周快速移动，你假装要穿透树皮的保护层。扮成树皮的人应该尽力挡住你的攻击。

当你在树的四周跑动的时候，让扮演其他部位的人稍作休息。然后按顺序让各部位活动。认真演练三四遍编排好的顺序。顺序如下：

（仅用于第一次演练）"心材，挺直立正！""树皮，态度强硬！"（第一）"树根，吸水！"（第二）"树叶，制造养分！"（第三）"边材，向上送水！"（第四）"韧皮部，向下输送养分！"（第五）

第一轮之后的演练无须再喊出树木的各部位名称。演练结束后，让参与者相互击掌来赞许各自精彩的演绎。此时，不要忘了将躺在地上的“树根”们扶起来！

自然宾果——物品代替数字更好玩儿

游戏说明：

A. 本游戏属于水獭阶段

B. 游戏目的：了解自然史、地理、环境保护学家和道德

C. 游戏时间/地点：随时随地

D. 游戏人数：3人或以上

E. 游戏参与者年龄：8岁及以上

F. 特殊道具：见文章内容

我在内华达高山区的冰川小径童军牧场担任自然学家一职时，那里几乎每到8月就会刮起大风，接着会下3～4天的冷雨，营地到处是小水沟。暴雨后的第二天，童子军们随身携带的物品都已经湿透了。他们一个接一个地扔下湿帐篷，然后全都挤进营地里为数不多的几间屋子里。

暴风雨期间，大家都不想在户外活动，但是童子军们得做点什么才行。于是我试图想出一个既有意义又能让大家感到快乐的游戏。

“自然宾果”游戏后来被证明是最完美的选择。

“自然宾果”游戏同其他普通的“宾果”游戏一样，只是游戏里使用的数字被一些自然物品所取代。

为了使游戏更加好玩儿，我们的游戏以一种电视表演的形式来进行。游戏结束后颁发奖品，奖品千奇百怪，特别好笑。我最喜欢的奖品之一是“凌晨两点猫头鹰陪伴之旅”。其他的奖品，像“三层德克花生酱猪油三明治”“和最好的朋友的热带厨房清洁二人游”也受到了大家的热议。尽管获胜者对此热情不高，但是诸如此类的奖品十分充足，吸引着男孩子们的参与。当他们的朋友赢得了最搞笑的奖品时，他们便高兴得欢呼起来。就这样，一个小游戏我们玩了几个小时。这个游戏让童子军们在阴沉的雨天里也都兴高采烈。

为了给游戏增加一点点小高潮，我们通常都会在三个大碗下面藏好奖品。获胜者可以选取一盒没有标签的食品，或者可以碰碰运气，选择任何一个大碗下的奖品。每个人都在猜哪个奖品最搞笑，他们大声喊出自己的意见。房间里充斥着“第二个！”“不对，第三个！”“第一个！第一个！”的叫喊声。

吸引童子军们注意力的除了有趣的奖品，还有游戏所传达的新奇有趣的信息。玩“自然宾果”游戏时，首先要把自然物品分为五类，每一类取一个标题。本书样本卡片中所选取的是以下五种标题：濒危物种、动植物、生态学概念、自然景观以及环境保护主义者。举个例子，环境保护主义者标题下的卡片里可罗列以下几个人物：阿多·利奥波德、约翰·缪尔、约翰·卫斯理·鲍威尔、瑞秋·卡森以及司尔

福·西雅图。卡片的数目应不少于参与人数，且内容不可重复。

你还需要给每个物品做一张标签，并且在标签上标注好标题和物品名称（请参考“自然宾果”游戏五种标题的分类样本以及各类物品的样本）。给参与者分发卡片，告诉大家你会抽出一个标签，念出标题后再念出物品名称。举个例子：“自然景观……长满高草的草原”听完描述后，参与者们在卡片上填写黄豆、卵石等物品名称。最先连着写出五个地点的参与者获胜。获胜者喊出“宾果”！当然，五种物品的名称可以纵向连成一排，也可以横向或斜对角连成一排。

接着让获胜者念出所填写的五种物品，以此再次确认所有的物品都被念到。念出物品标签之后，把它们分组放好，这样可以为你在检查获胜者持有的卡片时节省一些精力。如果想要增加一点知识趣味，你也可以先念出标题，然后在念出物品名称之前讲述一个与物品相关的故事或者有趣的信息。假如某个标题名为“濒危物种”，你可以这么描述：“由于人类过度捕杀，我们原本种类繁多的大家族只剩下包括我们在内的六种，而且每种数量只有几百只。”选手们听完该段描述后，便可试图猜测描述的是何种生物（这里答案为蓝鲸）。你也可以这么讲：“这是一只气管长得像盘管喇叭一样的鸟儿。当有人打扰或者惹怒它们，或有入侵者的威胁时，它们会发出几米开外都能听到的响亮的叫声。”（鸣鹤）

对于一些为保护地球而极力演说的人来讲，环境保护主义者一栏意义非凡。比如，“正如日落和微风一样，人们一直把野生动植物当成理所当然的存在。直到社会进步几乎快令它们灭亡时，人们才意识到它们的存在。如今我们面临的问题是：牺牲自然和野生自由的生物来换取更高的生活水平是否值得？”（阿多·利奥波德）再比如，“地球上任何生物对我的人民来说都是神圣的。每一根松针，每一片沙滩，每一场森林的迷雾，每一只嗡嗡作响的昆虫，在我的人民的记忆和经历里都是神圣的。”（司尔福·西雅图）

至于自然景观一栏，你可以这样描述：“山谷四周都是巨大的岩石……山谷四周高达11千米，宽达0.8～1.6千米。山谷四周的岩石好像都闪耀着生命的光辉。清澈见底的梅塞德河——仁爱之河，缓缓流过山谷里的草地。”（约塞米蒂山谷，约翰·缪尔述）

给参与者们思考的时间，然后让他们大声说出猜测的答案。如果他们猜错了，你就公布正确答案。

你可以鼓励参与游戏者与你一起来策划线索，让他们更好地融入游戏中。你也可以将他们分成几组，每一组负责一栏。

自然环境——帮助孩子认识物种，学会合作

游戏说明：

A．本游戏属于水獭阶段

B．游戏目的：了解生态系统和栖息地、物种间是相互依存的关系

C．游戏时间/地点：随时随地

D．游戏人数：4人或以上

E．游戏参与者年龄：7岁及以上

F．特殊道具：无

这个游戏需要五个参与者，最好都是自愿参与“建造”一个完整的自然环境。每个选手选择扮演一种自然环境中的一个部分，比如：植物、动物或者地理状况。参与游戏的孩子们很快就能将植物和动物与它们所处的环境联系起来。“自然环境”游戏让参与者更好地理解，自然环境中的不同物种如何彼此合作，组成一个个生命或非生命部落，这些部落之间相互影响。游戏中的合作也增强了团队的凝聚力。

选出五个游戏参与者后，悄悄告诉他们所要扮演的自然环境。在不给他们讨论机会的情况下，让参与者们立刻选出他们扮演的自然环境中的物种，接着马上开始演绎各自扮演的角色。当该小组表演时，其他人在一旁观看，直到表演者演完后，他们才能说出自己猜测的答案。

比如，你让一个小组演绎海滩。某个参与者可能会来回奔跑以便演绎出海浪撞击沙滩的情形；第二个参与者可能会蹦进蹦出，探头探脑地扮演躲避海浪拍打的矶鹞；第三个参与者可能会蜷缩着身体横着走路来扮演一只螃蟹，他在躲避第四个参与者扮演的海鸥；第五个参与者可以扮演很多角色：享受日光浴的人、蛤、海棕榈、海星，等等。

参与者们演绎一段时间后，问观众们他们扮演的是何种环境。在参与者们退出“舞台”前，让每人按照出场顺序介绍自己扮演的角色。表演全部结束后，观众们要给“演员”们掌声鼓励。

比较好演绎出来的环境有：森林、草坪、高山以及沙漠。你可以让参与者们自主选择想要演绎的环境，但是不能允许他们自由讨论各自扮演的角色。为了不让大家等待太久，也不要给他们过多的时间交谈。如果你决定给他们时间讨论并规划他们的“演出”，首先得把大家分成若干小组，这样大家才能同时演绎出不同的环境。

相识游戏——让彼此间的了解更深刻

游戏说明：

A．本游戏属于水獭阶段

B．游戏目的：使参与者之间相互了解

C．游戏时间/地点：随时随地

D．游戏人数：7人或以上

E．游戏参与者年龄：10岁及以上

F．特殊道具：每人一张纸和一支笔（用于描述）

本活动由《人性化环境教育》的作者克里夫·纳普创始。本活动的目的在于让大家更好地相互了解。游戏过后，几乎所有人都更加放松，相互之间的合作也更加自在愉快。

游戏前，分发印有物品名称的纸张（可随意列出各种物品）。每个参与者必须采访小组的某位成员，提出问题并把满足条件的成员的名字标注在物品名称旁边。告诉他们，每个人的名字至少要在物品单上出现一次，但提问每个成员的时间不宜过长。

“相识”答卷

找出他/她

主张保护草原植被______

崇拜某位环境保护领域或自然史方面的人物______

偶像名称______

每天都安静地坐着观察大自然______

曾向政府官员写信反映某个环境问题______

曾见过某种濒危动物______动物名称______

认识约翰·卫斯理·鲍威尔______

知道关于天上的星星如何形成的故事______

曾在尖顶帐篷里睡过觉______

帮助过受伤的树木或动物______

准备给我们讲述激励人心的自然体验故事______

如果他能够变成一株植物或一只动物，他最想变成哪种他最喜欢的植物或动物______

能够背诵一首关于自然的诗歌、歌曲或者一则语录______

最喜欢某项户外运动______

曾在野外迷路______

曾经很长时间在没有电的情况下生活______

在自然中突破了自我______

至少见过以下野生动物之一：剪刀尾、仰泳蝽、长颈鹿、短尾猫、塘鹅、巨臂鲸______

能说出三本如果被困在荒漠他想随身携带的书籍名称______

书名____________ ____________ ____________

声音地图——大自然为孩子谱写的美丽交响乐

游戏说明：

A. 本游戏属于乌鸦和熊阶段

B. 游戏目的：在寂静之中聆听

C. 游戏时间/地点：随时/自然环境

D. 游戏人数：1人及以上

E. 游戏参与者年龄：5岁及以上

F. 特殊道具：每个参与者一张检索卡和一支铅笔

啄木鸟发出的噔噔声。风呼啸而过，吹得树叶沙沙作响。隐居鸫如悠扬笛声般的叫唤，附近蜂鸟发出的嗡嗡声，流水沿着陡峻的石坡流下。醉人的自然大合唱让“声音地图”的参与者们神清气爽。孩子们尤其喜欢这个游戏——他们全神贯注地听着来自四面八方的各种声音，静静地坐着把声音传来的方位标记在地图上。

游戏前，给游戏参与者们展示一张长6厘米×4厘米的检索卡片，卡片中间标注了一个X。告诉参与者们X代表他们所在的位置，卡片相当于一张地图。他们每听到一种声音，就要在地图的相应位置上标注出来。标注的位置要能准确显示声音所在的方位以及与参与者之间的距离。标注不要求生动形象：参与者可以用寥寥几条线来代替声音，

不必画出发出声音的动植物的样子。比如，风声可以用两条波浪线代替，鸟叫声可以用音符表示。也就是说，大家主要应该花时间在聆听上，而不是画画上。

让参与者们在聆听时闭上双眼。告诉他们双手轻轻握拳放在两耳旁，像袋鼠或者狐狸的耳朵一样，可以更好地接收声波。要听到身后传来的声音，他们无须回头，只需把手掌朝前放在两耳旁即可。

游戏选址时，要考虑到能保证大家听到各种声音的地方。草坪、溪流、森林都是比较好的地点。最重要的是要让大家尽快找到属于自己的独特的“聆听之所”，否则四处走动寻找地点的人会影响他人聆听。我通常只给他们一分钟的时间找到自己的位置，并告诉他们在游

戏结束前都不要离开自己所在的位置。给游戏参与者充分的时间，让他们均匀地扩散开来，这样能确保“声音地图”的多样性，增加分享时的乐趣。

游戏时长取决于参与者们的年龄、注意力集中程度以及特定环境里声音的种类。成人游戏时间最好为10分钟，儿童则为5～10分钟。我喜欢模仿动物的叫声，如牛哞、鸭叫等来让参与者们集合。召集齐所有的参与者后，让每个人与同伴分享自己的地图。

有时候，要找到不受汽车或机器噪声影响的地点非常困难，但是这些噪声恰恰是教授噪声污染的最好教材。让孩子们在两处不同的地方标注声音地图，第一处选在喧闹的街道附近，第二处选在安静的自然环境里。游戏过后，让他们说说两处地点哪一处更为舒适。这是一种培养孩子们欣赏大自然的意识的极好方法。

孩子们画完地图并且分享完体验后，你可以问他们以下问题：

你听见几种不同的声音？

你最喜欢哪种声音，为什么？

你最讨厌哪种声音，为什么？

哪种声音你从来没听过？你知道这种声音是由谁发出的吗？

让他们圈出他们从未听过的声音而不是让他们大声回答问题。在他们最喜欢的声音下面画上一条线，最不喜欢的声音下面画两条线。

荒野寻踪——独处大自然的美妙体验

游戏说明：

A．本游戏属于乌鸦/熊阶段

B．游戏目的：学会独处和野外观察

C．游戏时间/地点：白天/任何自然环境

D．游戏人数：1～35人

E．游戏参与者年龄：8岁及以上

F．特殊道具：无

几年前，我在做木叶户外教育项目工作时，带过很多由六年级学生组成的大班。为了给学生在自然环境里独处的体验，我设计了名为

“荒野寻踪”的活动。

我告诉孩子们，美国原住民在他们这个年纪的时候就已经开始独自到自然中寻求智慧。他们认为，一个人如能静下心来专注于自然，自然便能让你在悟出生命真谛的同时更加了解自己。

为了集中孩子们的注意力，激发他们的兴趣，我给孩子们带了一些望远镜、放大镜和其他工具。我还向他们着重强调了静坐，以及静心来感受身边环境的重要性。

我让孩子们分散开来，彼此间的距离很大，最好不要出现在彼此的视线里。要实现这样的分布有个很好的方法：当你发现路旁美丽的风景时，举起手示意。想要待在那片地方的孩子们举手示意，最先举手的孩子即可留在那个地方。这种方式给了孩子们自主选择的权利，同时不会影响内心的宁静和心思的专注。

如何拆散过于“活泼”的学生呢？假设杰跟丹尼两个人善于搞各种恶作剧。杰刚刚才消停，当你走到下一站的时候，丹尼已经举起了手。怎么办呢？很简单，直接忽视他，选择回应他身后的学生即可。

你最好事先安排另一个领队，在你出发20～30分钟后，他沿着小道召集学生，让大家在回来的路上保持安静。当小组成员再次聚齐时，通常是分享体验的好时机。此时最好选择一个能让小组成员们舒适地坐下来交流的场所，分享体验。

如果游戏玩家们没有在户外独处的经历，可以先带他们玩“声音地图”和“求知之路”游戏，以此来减轻他们的紧张情绪。当大家情绪都放松后，再开始玩“荒野寻踪”游戏。

赤足行走——放慢生活节奏，尽享自然美景

游戏说明：

A．本游戏属于乌鸦阶段

B．游戏目的：学会野外观察和跟踪

C．游戏时间/地点：白天/无尖锐物体的小道

D．游戏人数：1～15人

E．游戏参与者年龄：8岁及以上

F．特殊道具：无

有一天，我的一个朋友突然对我说："活了这么多年，我一直都步履匆匆，从未花时间来观察一下大自然。"我经常在我家附近的路上看到她低着头雷厉风行地大步向前走，路边的黄松树，头顶的碧蓝天空，朵朵白云从未能让她驻足停留。

现在的我们都忙于规划当前生活里的琐事或者思考未来生活的种种可能，就这样忙碌着，以至于有时都忘了享受当下的生活。带着大家一起到野外赤足行走是一种很好的减缓生活节奏的方法。让人意想不到的是，即使组员人数过多，大家依然可以安静专注地赤脚走着，因为都得想着抬起的脚下一步该放在哪儿。

"赤足行走"活动也是我所知道的观察自然的一种很好的方法。我带领过的"赤足行走"队伍非常多，这些参与者都曾近距离观察到草原狼和狐狸。大家悄悄地接近这些野生动物，丝毫没有引起它们的

注意。

我曾不经意地走进了鹌鹑群，一只鹌鹑发现了我后向同伴们发出了警告，接着它们都叽叽喳喳地匆匆跑进了树丛里。不过有些鹌鹑还没意识到我这个“入侵者”的到来，还在我脚边晃悠。

我继续往前走了几步，刚走到一棵小树旁，就看到一群金翅雀飞上了附近一棵树的枝头。它们黄黑绿相间的羽毛把树装饰得像圣诞树一样。我站在离它们不远的地方，静静地观察了好一会儿。

这种在野外近距离地观察动物、安静地进入它们的世界，不给它们带去任何干扰的体验，给人一种非常独特的感受。它们丝毫不会感受到那种人类闹哄哄地侵扰到它们的栖息地时给它们带来的恐慌。野生动物们自顾自地活动着，丝毫没有受到影响。在观察它们的过程中，我的心中瞬间燃起了一种与动物的亲密感。

大家在行走时放慢脚步，时不时停下来看看周围的环境，能增加看到野生动物的概率。如果你在日出或者日落时分开始徒步，你很可能看到许多动物，因为这两个时段动物出现的概率最大。黄昏或者日落时分，静谧感性的气氛能让成员们很快静下心去安静地观察。

你可以用一种好玩的方式来向大家介绍此项活动，教大家用印第安人的方式来行走。让大家脱掉鞋袜，然后慢慢地迈着小步往前走。走的时候一只脚缓缓放下脚掌，脚掌贴地后置于另一只脚边，另一只脚抬起时脚掌先抬起，脚跟贴地，如此反复。这时候，脚掌只是轻轻贴着地面。落脚前，让参与者们看看地面是否有可能会踩出声响的树枝或者树叶等其他东西。如果没有，让参与者们把身体重心逐渐转移到一只脚上。告诉他们，小步行走可以使身体更加平衡稳定，这样他们就可以专注寻找动物了。

学会如何安静行走后，大家都急于想试试他们的新技能。在他们看来，脱掉鞋子赤足行走似乎是再自然不过的事情。（注意检查地面是否有玻璃碴、木屑或尖锐的石子。）

动物来了——让孩子和动物成为好朋友

游戏说明：

A. 本游戏属于乌鸦/水獭阶段

B. 游戏目的：学会野外观察，了解动物的行为和活动，与动物产生共鸣

C. 游戏时间/地点：随时随地

D. 游戏人数：3人及以上

E. 游戏参与者年龄：5岁及以上

F. 特殊道具：动物图片

那个计算机分析师在我们面前缩成一团，打着哈欠。我们一组40个人看着她小心翼翼地用左手遮住嘴巴，舔了舔手背，又拿手背轻轻地抹了抹脸颊。我们立刻猜出她是在扮演一只猫。接着她又蹲下来，身体紧绷，看上去非常警觉。突然她向前冲去，扑倒了一只猎物。我

们大声喊“山猫！”大家都大笑起来，笑声里夹杂着掌声。

“动物来了”是一种能帮助人们与动物建立友好关系的游戏。这个游戏有两种玩法：第一种玩法需要使用动物的图片，这种玩法非常有趣，能为户外活动打下好的基础；第二种玩法相对严肃，意义也非常深刻，旨在使游戏参与者通过观察动物而与动物产生共鸣。

“动物来了”版本1

这个版本有很多让人捧腹的玩法，游戏玩家们通常都能齐心协力共享游戏之乐，同时也能在游戏之余对自然历史的相关概念进行讨论。

游戏之前，你要给参与者分发动物图片卡，拿到卡片的人要对他们手上动物的“身份”保密。卡片分发完后，让参与者演绎出卡片上

的动物最典型的动作，一次表演一种动物。

如果参与人数过多，你可以召集8~10个志愿者替他人表演。这样你可以将动物图片放在地上，让各个参与者自行选择她/他最想模仿的动物。

当“动物”“登台”后，告诉他先在脑海中想象一下他要模仿的动物的神态和动作，然后用一个固定的姿势演绎出该动物的神态。如果表演者愿意的话，可以以模仿动物的叫声，比如鸟叫声、驴叫声等来结束表演。

其他人要猜出动物名称。记住，让观众看完表演后再喊出答案。为了很好地克制观众们喊出答案的欲望，告诉他们猜测时间到的时候你会挥手示意他们开始。如果某个参与者模仿动物的叫声非常逼真，或者很快表演完毕，那么你需要催促大家快点猜出答案。

必要时也可以给出适当的提示，但往往选手们的逼真表演会让你非常吃惊，有人几乎每次都能很快猜对表演者模仿的动物。

在大多数需要参与者表演的游戏里，设计表演“舞台”，让大家登上“舞台”而不是原地表演，能给游戏增添不少欢乐。在参与者表演之前，让他把手中的动物照片给你，这样你就知道他所要演绎的动物，还能适当地给观众一些提示。

游戏中，要尽可能选择那些体征动作明显的、容易辨别的动物。一直都十分受欢迎的动物形象有：熊、蝙蝠、企鹅、猩猩、老鹰、豹以及苍鹭。

“动物来了”版本2

如果有条件在动物园、农场或是野外进行“动物来了”的游戏，一定要充分利用环境优势让游戏参与者看到真正的动物。告诉组员们你稍后会让他们扮演这些动物，激发他们的兴趣，这样他们就会仔细地观察，了解更多相关知识，还能引起他们与动物的共鸣。

如果游戏参与者已经成年了，可以让他们自主观察自己感兴趣的动物。如果参与者们在户外不大自在，或者不熟悉自然游戏，可以让他们组成三人小组一同观察。

让选手们仔细观察动物的动作、声音以及生理特征。如果动物不反感这种观察，参与者可以试图发现动物们不为人知的独特之处。

告诉参与者观察动物后，试图把自己想象成他们所观察的动物，想其所想并模仿它们的动作，让他们知道这是他们自我锻炼的最佳时机。因为在以后的生活里，他们也能独自研究动物了。参与者在内心建立一种与动物的亲密关系，能更自然地演绎出他们所要模仿的动物。

大家在开始观察动物之前可能想要玩玩第一种版本的“动物来了”游戏，但我发现每次我带着组员玩“动物来了”的游戏时，大家都比较喜欢第二个版本。

如何传达“动物来了”游戏的精髓？方法很简单，给参与者们读一读伯德·贝勒和皮特·帕纳尔所著的《另一种聆听方式》这本书。

神秘动物——激发孩子的好奇心和探索欲

游戏说明：

A. 本游戏属于熊阶段

B. 游戏目的：了解有关动物的人生故事，移情

C. 游戏时间/地点：随时随地

D. 游戏人数：3人及以上

E. 游戏参与者年龄：5岁及以上

F. 特殊道具：绳子，晒衣夹，铅笔，4厘米×6厘米检索卡片，神秘动物的照片

几年前，我跟一个朋友在家附近散步的时候看到了一只非常漂亮的小鸟儿，这鸟儿跟知更鸟体型差不多，但是比知更鸟更小更瘦。我跟我的朋友都未曾见到过羽毛如此美丽的鸟儿。它的头顶跟背部的羽毛是黑色的，两侧的羽毛呈栗色，背部跟翅膀点缀着闪耀的白色羽毛，眼睛放射着明亮的红光。当它在天空中飞翔的时候，我们眼前闪耀着棕、白、黑三种颜色。没有人可以告诉我们这只鸟儿的名字，我们也未曾学习过鉴别鸟儿种类的知识。所以，当我们试图从鸟类百科全书的几百张图片中辨别出这只鸟儿时，并未如愿。

连着两个星期，我每天都出门观察这些鸟儿。我发现它们喜欢在落在地上的树叶和树枝下面找昆虫和种子吃。它们的小爪子在地上又挠又抓，那声音比小鹿的脚步声还大。（我另一个朋友称它们“两只

脚的挠抓大师”）它们的叫声很尖锐，听起来像猫发出的“喵”声。在我眼里，这些鸟儿似乎非常神秘，很不可思议。

我对鸟儿的兴趣开始让我对一切生物都很好奇。无法立刻得到解答的经历也教会我这样一个珍贵的道理：我认识到，无论我存在什么方面的疑问，我的好奇心保持得越久，我就能学到越多东西。在自然研究方面，这意味着当人们被某种东西的神秘感深深吸引的时候，他们就会更深入地去研究这种东西。

顺便提一下，这只鸟儿是一只来自西部的身体两侧呈褐色的红眼雀。

在“神秘动物”的游戏中，领队在不说出动物名称的情况下跟组员们分享引人入胜的信息。游戏开始前，参与者必须坐在离你较近的舒适的位子上，确保能听清你的讲话。告诉他们你将会带领他们进行一次神秘的动物观赏之旅。告诉他们“旅途”完毕后，他们需要上交一份关于这些动物以及它们生存环境的“实地调查报告”，以此鼓励他们留心“看到”的一切事物。

为了使讲述更加生动具体，尽可能使用能激发感官刺激的描述：丛林里的声音，热带高温和湿气，森林里的树木和烂叶散发出的味道，等等。按照你个人的喜好，让描述更加幽默生动。

下面例子里的描述内容正好可以足够吸引住青少年跟成人的注意力。如果你面对的是年龄较小的孩子，你可能需要减少描述内容。我认为，在描述的时候不要念稿子，而是记住几个关键点之后来即兴发挥，这样描述出来的场景会让气氛更加活跃。

当描述完毕后，给组员们分发铅笔和4厘米×6厘米的卡片，让他

们画出一张生活在自然环境里的动物图片作为实地考察报告。（很多人意识到自己不会画画，所以我直到这一刻才告诉他们要作画。为了减轻他们的压力，我告诉他们不需要在报告上写下自己的名字。）

当组员们作画的时候，你要在两棵树之间绑上绳子或者较粗的线。大家都画好后，你让他们把自己画的图片用夹子夹在绳子上，排成一排，就像一场小型“艺术展”。组员们相互欣赏彼此的画作时会产生很多讨论，带来不少欢笑。最后，你要问他们想不想看看动物的图片。

组员们的热情将会让你大吃一惊。当他们仔细研究你之前提到的动物的图片并认真搜寻着能在画图时用到的细节时，他们专注的神情散发着光彩。

“神秘动物”游戏尤其受小朋友的喜爱，因为孩子们都特别喜欢参观动物园。在带领孩子们逛动物园之前，把他们召集到一起并向他们介绍游戏规则。让他们听完一段有关动物的描述后，告诉他们，如果之后看到这种动物一定要告诉你（玩游戏的时间最好安排在动物园之旅的后半段）。记得仔细观察孩子们专注地观察各种动物的样子，同时分辨他们是否在观察你描述的“神秘动物”。这种经历会让你感触深刻。

“神秘动物”游戏让那些不为大多数人所知的有关某些动物的故事得到传播。比如，一只生存环境受到威胁的蝴蝶的故事就不为人所知。

如果你带领的是年龄大一些的孩子，你可以让他们讲述自己所知道的有关动物的小故事并和组员们一同分享这个故事。

“神秘动物”游戏故事示例

你走进了地球上还未被开发的地区之一，达尔文称之为一个“完全自然的、繁茂的温室”，那里温度高达27摄氏度，空气中的湿度高达80%，每年降雨量达到3900多毫米。得此环境的馈赠，这里的生物种类比地球上任何地方都要繁多。抬头看看，你会发现那些参天大树就像一把把巨大的伞挡住了天空，只有1%的阳光能穿透树叶照射到地面。这里因为缺少阳光，地面上几乎没有什么植被，行走非常便利。如果你在森林中穿梭，你会看到身边千奇百怪的植物，同时也能听到猴子、鸟儿、青蛙、昆虫等生物发出的各种奇怪的叫声，闻到腐蚀的植被的味道。

头上方，高高的树枝上挂着什么东西，你看到一团像是枯叶，又像是腐烂的菌类，或是蚂蚁的巢穴的东西在移动。它时不时还会动一下，你拿着望远镜仔细一看，原来是只动物，它正倒挂在树枝上。这只奇怪的四肢动物长着长长的、粗糙的毛发，爪子就像半圆形的钩一样。看上去大约半米多长，重约6千克。它圆圆的脑袋跟脖子一般粗，好像没有长耳朵，也没有尾巴，因此很难分辨它哪部分是头哪部分是尾。突然，它把头转向了你。仔细一看，它长着一张发白的扁平的脸，弯弯的嘴看起来似乎在微笑。

这只动物的移动速度并不快，老实说，它动起来就像电影慢动作一样。大变形虫都比这种动物爬得快。它开始爬了。知道它为什么爬得如此慢吗？（停顿）它每次就用一个肢体爬行。它慢慢地爬向离它最近的树枝，马上就到了！（停顿）看！它另外的肢体也开始移动了。可能就移动几厘米的距离，可是它却需要花上半分钟的时间。就算母亲想要赶到离她只有四五米的幼崽身边，也得花上半小时的时间。由于它们过于缓慢的移动速度，它们的敌人：美洲豹和角鹰很难发现它们。它们爬树的最快速度是每小时1.6千米，但是在地面的速度每小时只有0.16千米。因为在地面它们的身体得不到肢体的支撑，所以无法通过肢体来移动。它们几乎不从树上爬到地面，只有在生产或者排泄的时候才到地面上来。它们每隔七八天才排泄一次。

在丛林中跟踪研究这种动物一周后，一位科学家开玩笑说："有的人可能会觉得这种动物过着非常理想的生活，因为它们的生活是这样的：吃饭11小时；四处移动18小时；休息10小时；睡觉129小时。"

它们一天24小时中有18小时在睡觉。它们的身体新陈代谢也非常缓慢，最擅长的是在水底憋气，可以长达30分钟。

它们不太注意卫生，很少清理自己的毛发，身上有多达978只的甲虫。其实，曾经有人发现它们身上藏着9种飞蛾、4种甲虫、6种虱子以及几种螨虫。

雨季来临的时候，它们身上甚至会长苔藓，苔藓能让它们更好地伪装自己。毛毛虫在它们的毛发里成长，破茧成蝶后就飞走了。

你肯定在想，这种看起来如此低能不开化的动物怎么能逃脱灭绝的命运。它们能存活下来取决于以下几个因素：保护色、习惯夜晚觅食、白天几乎处于静止状态、23对肋骨（人类只有12对）、厚重的毛发以及又厚又粗糙的皮肤，这些都能很好地保护它们的内脏。达尔文曾写道："所有动物中，这种可怜的、畸形的生物有着最顽强的生命力。"它们能承受其他动物不能承受的伤痛。尽管很多人都取笑这种动物，但是据说热带雨林里没有任何动物有它们如此强的适应能力。

我们观察的动物很久都没有动了，它正做着它最擅长的事儿：睡觉。回营地之前，我们再拿次望远镜看它们。看看它们长得像熊一般的身体，它们粗糙的毛发倒向后背，以及它们镶着弧形长爪的长长的四肢。

求知之路——让孩子与大自然更近一步

游戏说明：

A．本游戏属于熊阶段

B．游戏目的：学会觉悟和独处

C．游戏时间/地点：白天/任何自然环境

D．游戏人数：1人及以上

E．游戏参与者年龄：10岁及以上

F．特殊道具：无

在“求知之路”活动中，参与者们能直接深入地了解自然特定的某个方面。活动参与者们排成一路纵队在绵长的道路上行走着，沿路寻找他们认为有特殊意义或是美丽的东西。他们可能会被一棵古老的树木、一条潺潺的溪流或是一朵明艳的鲜花所吸引。无论他们受到何种事物的吸引，都要鼓励他们停下脚步去仔细欣赏这些事物的特质。让他们想出一句话或一个词来描述吸引他们眼球的东西。等到所有人都走完这条路后，让大家分别描述自己的所见所感。

在踏上“求知之路”前，确保参与者们内心足以平静地观察周围的事物。因此，该活动最好用于流水学习法第三阶段。最好能选取一段森林小路，这样大家能够充分分散开来，不受彼此影响。如果你所选取的道路过于蜿蜒，记得缩短每个参与者之间的距离，否则位于道路尽头的参与者需要等很久。如果参与人数众多，你可以带着还在排队等待参与游戏的组员们玩一些安静的小游戏。最好选择有特点的好玩的道路。

冬天的时候，我们在艾奥瓦的一个工厂玩起了“求知之路”。我们穿过美丽的森林，走过美丽的平原，最后大家在一个池塘旁边会合了。一路上，大家被冬季的美景深深吸引着。由于我们得加快速度返回工厂，我只好让组员们自主返回，而没有让他们进行之前计划好的活动。结果却出人意料：大家都相互交谈着，根本没有观察周围美丽的景色。老师们在外面待了一整天，他们想要放松一下也无可厚非，但是这恰恰表明有组织有计划的活动才能集中大家的注意力，引起大家对自然的关注。

你可以简化活动内容，比如给孩子们一些比较显眼的路边场景或事物的照片，然后让他们沿路寻找照片中的东西。比如某棵特别的树，某

些与众不同的石头，或者某些显眼的场景，等等，都是不错的选择。

想象训练——触碰生命的本质

游戏说明：

A．本游戏属于熊阶段

B．游戏目的：直观感受，专注，共鸣

C．游戏时间/地点：随时随地

D．游戏人数：2人及以上

E．游戏参与者年龄：5岁及以上

F．特殊道具：需要音乐，如果有卡带机或者磁带等辅助工具更好

“太阳还未升起，天还未亮的时候它们已经开始准备展翅飞翔。清风拂过，它们兴奋地叫出声来，迎风摇晃着脑袋。很快，它们便会一同飞上天空，成群结伴地在夜色里张开翅膀，发出胜利的声响。它们将会向四面八方扩散开来，越飞越高，消失在人们的视线里。亚瑟开始感觉不安起来。他内心无法安宁，也想要加入它们的队伍，享受清早飞行的乐趣。它们不受任何拘束，亲密无间，自由自在地享受着生活的乐趣。当他身旁的鸿雁展翅一跃的时候，他不自觉地也跟着它跳跃起来。”

——选自T·H．怀特　《曾经与未来之王》

传说当亚瑟还是个孩子的时候，伟大的魔术师梅林是他的老师。梅林深知，只有大自然才能教会人们生命的真理。他还明白，理解自然的最好办法便是与自然融为一体。梅林运用他的魔力把亚瑟变成各种动物，让他深入体验各种动物的生活，从而学到不同的东西。

想象训练能让人触碰到其他生命的本质。让我们用心去感受它们的生活，更好地去认识自然赠予它们的天赋。

当组织想象训练时，记住一个道理：大家越专注于动物的意象，就越能记住关于该动物的各种细节。为了让讲述更加生动明了，尽可能选择能刺激感官感受的词句。当你所讲述的故事有着丰富的能激发听觉、视觉、味觉和触觉感受的内容时，你在游戏中所要传达的信息自然而然就会在听众脑海中留下深刻的印象。在讲述故事的过程中，要语速平缓，给听众充分的时间去想象故事中的场景。此外，讲故事时还要以适当的音乐作为背景，这样更能烘托气氛。（在“我是一棵树”游戏中，我非常喜欢使用以下背景音乐：贝多芬《第六田园交响曲》、维尔瓦底的《名琴四季》以及帕赫贝尔的《D大调卡农》。）

为了让想象力得到最大的发挥，你所采用的意象要具有多种特质，这样才能启发人心以及高贵的思想和理想，最大限度地激发听众的想象力。

在接下来的想象训练中，参与者把他们想象成一棵棵树。叙述者在一旁描述树木的根部如何从树干延伸并扎根至地面，它们的枝干又是如何从主干向外伸展，最终变成参天大树。树木跟森林里的鸟儿、植物、动物相互依存。通过这种自己是“树”的想象，参与者们的内心会产生一种与其他生命的共鸣。

在准备想象训练时，先在心里问问自己从某种特殊的植物、动物或者自然现象中学到了什么知识或是人生道理。在训练时，尽力让参与者也学习到这种知识和道理。

很多科学家否定“拟人论”，他们认为树木不可能像人类一样有知觉有意识，然而人们却又赋予树木各种人类的情感。孰是孰非并不重要，重要的是当我们“变成”一棵树，并做着树木所做的一切事情时，我们的感受如何。至少我们内心的这种移情让我们变得更加充实，也让我们更加愿意关爱与保护自然。

树木是为动植物遮风避雨的港湾，它们还能缓和季节性的极端气

温，为各种生物提供宜人舒适的栖息之所。事实上，一棵普通的树能支撑整个生态群体的生存。体验一棵树的“生活”，能够让你重新审视自然在一个生态环境里是如何无私地奉献自己的。

我最欣赏树木的两种品质：灵活性和内在的力量。无论遇到什么情况，树木都无法躲避，它们只能牢牢地站立在土地上直面冬季凛冽的寒风。它们的根部牢牢地把它们固定在那里，它们的枝干任凭狂风大作、电闪雷鸣或者是其他自然灾害的侵袭。

在“我是一棵树”的游戏中，人们体验了与恶劣的气候做斗争的心理感受，也体会到了面对恶劣天气时树木根部强大的力量。在游戏中，参与者也能体会到人生的真谛。因为他们知道，在陷入逆境时应坚定内心来获得强大的力量，同时他们也明白了，无论面对什么样的失败和困难，都不能被打倒。

我是一棵树——人生可以如此美丽而高贵

游戏说明：

A．本游戏属于熊阶段

B．游戏目的：观赏树木，了解有关树木的生物知识，移情

C．游戏时间/地点：随时随地，最好靠近落叶树木

D．游戏人数：2人及以上

E．游戏参与者年龄：5岁及以上

F．特殊道具：如果用到音乐，需要播放器和磁带

“我是一棵树”游戏既可在室内也可以在室外玩。在室外玩游戏时，最好在较大的阔叶树下的一块空旷的地方进行。

让参与者们在树下散开，闭着眼睛站着。告诉他们不要站在离你太远的地方，以免听不清你讲话。告诉他们马上就要体验一棵树在一年四季——春夏秋冬里的变化。其实，他们要把自己“变”成一棵树。

当你描述树的形象时，“树”们要伸展他们的手臂，像树枝一样；或者静静地站着，闭着眼睛想象。对于年纪较小的孩子来说，适当的动作（比如寒冬里的“风暴”）能减轻他们内心的不安。（更多

关于“我是一棵树”游戏的详情，请见本书后面章节所描写的“树”之游戏的样本。）

如果你记不住或没时间描述出全部内容，也不要紧张，你只需记住树木一年的生长过程中每阶段最显著的一些特征即可。记住这些细节特征后，你会发现即使你真的想不起某些内容，你也能即兴发挥地进行连贯描述。我认为，用卢瑟福·普拉特所著的《伟大的美国森林》一书作为“我是一棵树”游戏的背景读物是最合适的。

当我们带领年纪较小的孩子或者注意力容易分散的群体玩这个游戏时，要删去背景阅读材料里一些次要的内容并缩短你所准备的烘托情绪的描述。你带领他人玩这个游戏的次数越多，你的游戏技巧也会越高。

“我是一棵树”的叙述：当组员们都已在选好的位置上就位后，想象训练就开始了：闭上眼睛。

树木是地球上不可或缺的一种生物，空气中一半的氧气都由它们制造。它们固定在土地上，让自己免受雨水等自然灾害的侵蚀。它们为数不胜数的各种动物遮风挡雨，提供食物。寒冬里，它们给周围的环境增温；盛夏里，它们给周围的环境降温。谈到树木，我们就想到了美丽、高贵、力量和从容。

当你闭眼时，脑海中想象着自己正穿过一大片阔叶树林。（停顿）现在，你走到了森林里的一片空地上，突然你停下了脚步，转身望着太阳，感觉自己好像也变成了森林里的一棵树。

此时，将双脚打开，与肩同宽。慢慢试着想象巨大的主根从你的臀部慢慢生长开来，慢慢往下伸展，顺着你的大腿、脚踝、脚底，一

直延伸到土地里。你的主根穿过松软的土壤表层后，一直往下延伸，深深扎进粘土层里。继续感受着主根向下不断延伸进土壤里，直至抵达9米深的地方。

现在你开始向四面八方伸展侧根，让它们分散在地表层以下。让它们向左、向右、向前、向后不断延伸，延伸至距离主干3米、6米、9米以外的地方，越远越好。（停）

轻轻地前后摇晃，感受你的根部牢牢扎根于土地之中。（停顿）想象自己端详着自己的主干，看看它多么粗壮。（停顿）你的树皮光滑还是粗糙？颜色是深还是浅？

现在顺着你的主干一直向上伸展，直至最高最粗壮的那一根树枝。

顺着它一个个小小的分支往外延伸，直到树枝都朝天空伸展开来。

时值盛夏，生活惬意，白天很长，太阳放射出温暖的光芒。清风拂过，你的树枝们在风中摇曳着。此时，你感受到你的根部牢牢地把你固定在了地面上。

你长着什么样的树叶呢？它们又大又尖吗？还是又小又圆呢？

你从太阳散发出的温暖光芒中吸取能量。你的叶子吸收的阳光、氧气和你从地面输送的水分，用以制造养料。现在你把树叶制造的养料从你的树枝输送到树干。你感觉到养料从你的身体里不断往下游走，一直到达根部，你把养料存储在那里。夏天是你存储养分的时节。（在春天结束、夏季还未到来前，你已经停止生长好几个月了。）

你的根须从四面八方分散开来，几乎触及身旁的每一寸土壤，用它们吸收地底的水分，然后再用它们把这些水分向上输送。最初是一小股水分，到后来汇合成巨大的水流。

现在向树干输送水分，水流的速度达到每小时160千米，这些水分被输送到树枝，最后又到达树叶。此时，水分从你的树叶里蒸发，使周围的空气变得湿润。当秋天到来的时候，白天变得越来越短，阳光不再充足，制造养分的活动完全停止。天气越来越凉，存储在树叶里的树液开始被向下输送，经过树枝到达树干，经过树干到达地下的根部。树液以这种方式存储在根部以备第二年春天之需。

这时候，你失去养分的树叶开始慢慢变成金色、黄色，甚至红色。这不是什么新鲜的事，每年秋天，你身上的树叶都会凋落。树叶都凋落之后，你就开始停止生长了。你要为即将到来的寒冬做准备，

保护自己不受寒冷天气的伤害。

天空中乌云密布，遮盖了一切光亮。阵阵大风开始吹向你的树枝，豆大的雨点击打在只有几片残留树叶的树枝上，狂风卷起片片树叶呼啸而过，树叶被狂风吹到地面。森林的地面上到处都是你以及你身边树木上凋落的树叶。（停顿）狂风暂停，你的树枝完全被雨水打湿了，你听到水滴从树枝滴落到地面的声音。（停）

冬季还未结束，从海边刮来的海风更加猛烈。阵阵狂风吹打着你的树枝，发出劈啪的响声。你就像波涛汹涌的大海上的一只船，被任意地吹打着，摇晃着，东倒西歪。唯一让你屹立不倒的是你的主根和四处蔓延开来的侧根。

暴风渐渐平息，森林也恢复平静。你的树枝几乎光秃秃了，而地面上却点缀着金色、黄色以及红色的树叶。你赤裸裸地站在冬日阴沉灰暗的天空下，身上残留的树叶也开始一片片掉落，在空中打了几个圈便掉落在地面。气温骤降，下起了雪，你感受到雪花在你树枝上慢慢堆积。

在寒冬里，森林里已经看不到任何动物的踪迹了，很多昆虫都死去了，大部分鸟儿都已飞向南方，哺乳动物们有的冬眠了，有的则迁徙到较为温暖的山谷里。你也一样，周身只有1%的组织——树皮底下的命脉还活着。（暂停）

这些尚且存活的命脉——嫩芽，穿上了一层薄薄的蜡制外套，因而不会受到湿冷天气的伤害。等到第二年，它们就会长成树叶和花朵。它们长在你的枝丫顶端，是你的新生命之所在。它们慢慢地绽放

开来，长成一片片小嫩叶。你就像母亲腹中的胎儿，等待着出生，等待着春天的到来。（暂停）

白天变得越来越长，气温慢慢上升。当气温上升到适宜的温度，加上充足的阳光，树根里面存储的树液就会苏醒过来，它们顺着主干被输送到树枝里，最后到达嫩绿的树芽。（停顿）树芽现在已经长成了一片片蜷缩着的浅绿色嫩叶，这些小嫩叶沐浴着阳光，接受着阳光带来的能量和滋养，它们将会在阳光下绽放，长成碧绿的大树叶。此时你能感受到树枝上的树叶给你带来的活力，正如阳光照射给你带来的活力一样。

再次把自己想象成一棵完整的树，感受着树根深深扎进土壤。（停顿）感受着树枝的生长。你周身都在生长——树根、树枝、中间的主干。春季是万物复苏的时节。如今你的全身几乎都恢复了活力，给你自己和整片森林增添了无限的生机和活力。

在你复苏之际，各种动植物也都回归了。鸟儿在你的树枝上栖息，把你的树枝伸展开来，让知更鸟在上面停留；小鹿们在你周围觅食；野花在你身后的土地上竞相绽放；一切动物都需要依靠你来获取食物、住所，甚至是身体的健康。你带着保护和关爱之心向森林里的一切生物张开臂膀，感受这种彼此共存的和谐之美。（停顿）

现在请平躺在地上，让我给你们念一首关于树木的诗，用心感受我念的每一句诗，就好像你们真的成为树的一部分一样。听完第一节后，请睁开眼睛看看这棵大树的根部。

穿过潮湿的土壤，
深深扎入地底，
我的根，
将我驻扎于此。

张开双眼，
来看看这棵大树，
看看它的树干。

我圆圆的树干，
粗而长，
结实而又灵活，
承载着生命。

我长长的枝丫，
在空中无尽伸展，
微风吹拂着我，
阳光轻吻着我。

我的枝丫，
成为所有生命的避风港，
我身体的一部分，为它们遮风，

为它们挡雨。

我周围的生命啊，
我都愿意庇护它们，
根部深扎于土壤，
树枝直入天际，
我在天地之间，
伫立。

我是摄像机——记录大自然的美

游戏说明：

A．本游戏属于熊阶段

B．游戏目的：欣赏美景，信任，看清

C．游戏时间/地点：白天/户外

D．游戏人数：2人及以上

E．游戏参与者年龄：3岁及以上

F．特殊道具：索引卡和铅笔

“我是摄像机”是本书中谈到的最有趣、影响力最大的一项活动。该活动用一种简单自然的方式集中参与者们分散的注意力，安抚他们的不安情绪，让他们在观赏自然的时候不受到任何打扰。

游戏中，一个人扮演摄影师，另一个人扮演摄影师手中的相机。“相机”紧闭双眼，摄影师带领着相机寻找美丽有趣的风景，并“拍下”照片。当摄影师看到自己喜欢的景物时，他把相机的镜头（眼睛）对准该景物，调整好焦距，然后按下快门。（见以下内容）

在摄像师未按快门之前，“相机”要保持闭眼状态。这样才能在快门按下的3～5秒间见到最让他惊喜的画面。很多人告诉我他们在参加了这个游戏的几年间，还念念不忘当初“拍摄”到的美景。

我们要鼓励摄影师们富有创造力地取景和构图。我这样跟他们说：“利用不同的角度和新颖的构图，你们一定能拍到惊艳的图片。

比如说，你既可以躺在树底下朝天空拍摄一张图片，也能把相机贴近树干或者树叶拍摄一张图片。试着探索花儿的内部，或者利用全景视野来拍摄。一定要善于捕捉瞬间。”

我偶尔在“我是摄像机”游戏中扮演摄影师时会模仿鸟鸣来吸引鸟儿在周围几米远的地方逗留，然后用我的“相机”来拍摄它们。

由于“我是摄像机”游戏用自然体验代替口头表达，所以即使年纪非常小的孩子也能像成人一样完全融入到游戏中来。看着5岁的小朋友们带着他们的爸爸妈妈或是爷爷奶奶拍摄图片，互相分享自然带给他们的喜悦，这样的情形是非常让人感动的。

我建议孩子们用拍“相机”的肩膀表示“按下快门”。拍两次就表示“相机”需要闭上眼睛。拍第一张照片时，第一次拍肩时喊“开”，第二次拍肩时喊“关”，这样有助于游戏顺利进行。

当游戏中既有成年人又有小朋友时，或者游戏参与者年龄跨度较大时，我会让参与者们以耳屏（耳朵前的软骨）来充当快门按钮。当参与者年龄较小时，我一般不建议使用这种方法，因为孩子们容易彼此戳耳朵来闹着玩。

最佳的“曝光时间”是3～5秒。曝光时间如果过长，“相机”容易分心，摄影师拍到的相片就不会给他们带来那么大的惊喜了——正如光线太强会让照片过度曝光一样。

我们要给参与者们展示如何用相机拍摄广角——长按快门键后慢慢移动，就像拍摄电影时用的摄影机一样。在拍摄全景时，最好按住快门键长达5秒钟以上，因为这样的动作能激发“相机”的兴趣。建议

他们也尝试一下纵向的广角。比如，拍摄一棵树的树根部位，然后慢慢地向上移动相机直至树枝，最后拍向天空。

摄影师们可以提示他们的“相机”，在拍摄下张照片时应该用哪种镜头。拍摄一朵花儿的时候，让“相机”使用近镜头；拍摄风景优美的全景时，要使用广角镜头；拍摄远处的物体时，要使用摄远镜头。

你要耐心地给参与者们讲述拍摄极具创意的美丽图片需要哪些因素，否则他们可能会拍摄鹿粪或是垃圾桶内的垃圾了。这种讲述对年纪较小的参与者来说尤其重要。同样重要的还有鼓励摄影师和“相机”在拍摄期间保持无声状态，除非万不得已，否则不要交谈。告诉他们这种无声的状态能拍摄出更加惊艳的照片。

你可能还需要耐心地向组员们展示，如何在保证“看不见的”相机们的安全的同时，带领着他们拍摄照片，并让“相机”全情投入拍摄。我发现牵着“相机”的手是非常有效的一种方法。当你想要他往哪边走，轻轻朝那个方向拉一拉他的手就可以了。

告诉摄影师们他们有10分钟的拍摄时间，然后他们需要跟“相机”交换角色。规定摄影师拍照的张数（6~10张即可），然后让他们跟队友交换角色。遵守以上规则，每个人都能在规定时间内完成任务。

当每个人都体验了两种角色后，给每个游戏参与者一张3厘米×5厘米的检索卡，并告诉他们“记住当你扮演‘相机’时拍摄的一张照片，现在把它画出来，然后交给你的摄影师”。如果开始有人抱怨他们没有艺术天分，跟他们说他们可以抱怨摄影师的拍照水平。

“我是摄像机”游戏的目的在于让参与者更生动地体验大自然的

美。你还可以拓展一下游戏内容，让参与者们用文字描述一下他们拍摄的图片。你还可以让摄影师就同一个主体拍摄8～10张不同的照片：比如说植物的生长衰落，动物的巢穴，松柏植物这类主体。然后“相机”们可以把所有拍摄的照片写进同一个故事里。稍后，摄影师们和“相机”们可以相互讨论他们所写的故事。

你也可以让所有的参与者同时扮演相机。让他们一齐闭着眼睛抓住一根绳子，然后你拉着绳子轻轻地将他们拉到下一个拍摄的景物旁，让他们全都转向拍摄目标（“请向左转”），然后让“相机”们依次给目标景物拍照（注意别让绳子顶端的人在转身时偏离拍摄目标）。参与游戏者的人数取决于他们的年龄以及地表状况。

历史再现——用故事启迪人生

游戏说明：

A．本游戏属于海豚阶段

B．游戏目的：理想主义，环境保护历史，自然之美

C．游戏时间/地点：随时随地

D．游戏人数：2人及以上

E．游戏参与者年龄：4岁及以上

F．特殊道具：见内文

榜样对每个人，尤其对孩子的影响是巨大的。用心聆听榜样们那激动人心的故事可以唤醒我们紧闭的双眼，让我们看到真实和可能。伟大的自然主义者们的人生故事，不仅给我们带来启迪人心的自然智慧和体验，还能让我们体会到追求崇高理想的重大意义。

在工作中，我创造出一套完整的讲故事环节，故事的主人公是约翰·缪尔，约翰·华盛顿·卡韦尔和弗朗西斯。卡韦尔与植物之间神秘的和谐，对植物的关爱，对人道主义的无私奉献，以及他那不屈的精神深深感动着每一个人；弗朗西斯对自然万物（鸟儿、树木、风）的关爱与尊重，他对自然的热爱，让他一次次脱下自己的外衣来为受伤的动物挡风御寒，用自己仅存的一点食物给动物们填饱肚子；约翰·缪尔身处自然时的欢乐与兴奋，以及他那些意义深远的经历和野外探险活动，这一切都让听众深深动容。看到他们如此感动，我觉得一切都是那么值得。

你也可以在环保运动中分享这些人的精彩故事或者通过看偶像的自传，自己亲口来讲述你的偶像的人生故事。

简单的道具就能营造出另一种时代氛围。为了让观众直观地感受故事主人公的性格特点，我背下了大段我所要讲述的人物写过的文字。我甚至还穿上了特定的衣服，让大家首先从外表上对我所要讲述的人物有一个基本的了解。我发现，在讲述中引用一些假想的人物，比如说主人公的朋友，是一种行之有效的方法。这位假想的朋友可以讲述一些主人公因谦虚而不愿意与人分享的故事。比如，我讲述缪尔的故事时就采用了“约翰·缪尔和他的朋友”这样的名称。

选择人物时，要选择故事中真正让你感到快乐的人物，这样你在讲述时才能毫不矫揉造作，流露真情。另外，还可以采用一些你所要讲述的人物的语录，他在大自然中的一些经历以及关于他的一系列有趣的故事。刚开始讲述的时候，内容要简短，这样可以为他人的讲述做铺垫。如果你在讲述中获得了足够的自信，那么你可以逐步拓展所要讲述的内容。

记住你要讲述的人物所写过的文字或说过的话。你可以用几句俏皮话开始你的讲述，用你讲述的英雄人物的几个人生故事来突出你的讲述重点。但是，千万不要全部都用到你的讲述里。这不是一个明智的做法，因为你可能会因为试图记住每一个词句而感到紧张，从而让整个讲述显得生硬无趣。其实你只需要记住几个关键点，然后根据你自己对故事的领悟和感受，自然地表达自己的想法。熟悉了故事内容，你在讲述时就能轻松自如了。

当你熟练掌握了讲述时会用到的语录时，你会发现你能在讲述时加入自己的深切感受，让你的讲述内容更加鲜活地传达到听众的耳朵里。你如果闭上眼睛，放慢语速重复这些词句，在脑海中回忆它们的意思，就会发现，记住它们也很容易。

演员们经常使用一种“情感回忆”法来升华他们的表演，你也可以试试。试着想象你曾经经历过的事情带给你的感受，与你所要记住的故事带给你的感受类似。回忆一下你当时的内心感受，然后带着这样的感受讲述你准备好的内容。比如，我在讲述约翰 · 缪尔的人生故事时，讲到他第一次见到加利福尼亚中部谷地时的感受。那是春暖花开的季节，谷底成了花的海洋，缪尔在日志里对这种景色的描写让人激动不已。如果你要讲述这一场景，你可以回忆一下你第一次见到这种类似的景色时的感受。以下是缪尔的描述：

“……在那个阳光明媚的清晨，我见到了此生见过的最美的风景。躺在我脚下的是加利福尼亚中部谷地，平坦的谷底满是鲜花儿，就像铺满阳光的湖面。这阳光洒满的湖面大约有65～80千米宽，长达800千米。位于这巨大花床东边尽头的是高约几千米的起伏的山脉，它们被花儿点缀得五彩缤纷，在阳光下闪着金光，就像是由阳光组成的天国之城。”

更多讲故事技巧：

1．规划好出场方式。

2．记住故事的开头和结尾。此方法可以让你在开始讲述的时候自信满满，结束讲述的时候铿锵有力。在整个讲述过程中，穿插讲述精彩的故事以吸引观众的注意力。

3．讲述时，不要花过多时间在语言描述上，要搭配一些肢体动作。

4．在讲述故事之前，深入理解故事的内涵，感受故事传达的精神。另外，还要给每个故事一个独特的焦点，以不同的切入点讲述不同的故事。

5．寻找每个故事“最感人的瞬间”，谨慎地规划好讲述此瞬间的时间，让观众有足够的时间来体味和感受。

6．不要试图把故事主人公的每一个细节都讲述到，要精简故事内容，删掉无法体现讲述中心思想的故事，认真地讲述那些激励人心的故事。

7. 保持良好的眼神交流。不过，当你在讲述不同人物间的对话，或者你在表演某个场景并试图吸引观众的注意力时，可免于眼神交流。

8. 有意识地转换声调和角色。这样观众才能充分相信你是真情流露地在本色出演。

9. 用眼神和面部表情来演绎某个角色的性格特征。

10. 用双手的动作或者画像的方式使讲述更加饱满而立体。利用手势使人物更加生动鲜活，以此来突出故事的关键部分。手势幅度要大，这样坐在后排的观众也能看到你的表演。

11. 频繁转换语音、节奏和语气。这种节奏的变化会让你的“表演”更加生动有趣。时不时地减缓语速，让观众的思维得到适当放松。

12. 强调重点或制造悬念时，要注意停顿，这种对全局的掌控能使你说出的一词一句都让人无法忽视。

13. 忘词时不要紧张。你可以暂停下来冷静思考并保持跟观众的眼神交流，此时的你越放松，就越能快速优雅地恢复到良好的状态。

14. 尽量保持幽默。幽默能让观众放松心情，更好地聆听和理解你所传达的信息。一般来说，讲述完一个幽默的故事之后，是传达意义深刻的关键内容的最好时机。

15. 面对不同年龄层的观众，适当调整你的讲述方式。孩子们更容易理解视觉上或者肢体方面的表达；成年人则对语言表达更感兴趣。面对有趣的故事，孩子们可能会花更长的时间转移到正题上来。

与你的观众分享故事，而不是给他们演绎故事。分享故事的关键在于跟他们分享你从故事中获得的快乐和兴奋，引起他们的共鸣。

自然冥想——带孩子走入沉思的世界

游戏说明：

A. 本游戏属于海豚和熊阶段

B. 游戏目的：感悟伟大自然学家的思想

C. 游戏时间/地点：随时/一切自然场所

D. 游戏人数：1人及以上

E. 游戏参与者年龄：13岁及以上

F. 特殊道具：箴言卡片

我们在雾山国家森林公园的深处走着。走着走着，来到了一个位于潺潺流水和宁静池塘间的小岛上——一个充满魔力的完美地方，非常适合自然冥想。我们一行50人都沉醉在周围美丽的景色中。有的人坐在溪流中的石头上；有的人坐在树底下，看着池塘远处的景物。大家看上去都非常平静、专注。我们每人都挑选了一张卡片，上面印有一段发人深省的话或是一段用以集中注意力的自然冥想。稍后，我们分享了彼此的经历和见解。即使我们人数众多，大家仍能保持一种与自然合一的宁静心态。看到大家都渴望从自然界吸取灵感，我内心感到非常温暖。

自然冥想活动是我很喜欢的活动之一，主要用来营造沉思冥想的氛围。在进行自然冥想活动前，你需要收集一些发人深省的格言并把他们写在检索卡上，每张卡片上写一句。每句格言得有一个配套的活动来帮助读者把格言所传达的思想与自己的亲身经历联系起来。如果你没有收集到足够的格言来保证每个人的卡片上都是不同的，没关系，你可以把写有最为有效的格言的卡片发给不同的人。你可以试着从《倾听自然》这本书中寻找一些格言，该书提供了三十多种格言，每条格言都配有可供参考的活动。以下格言和其配套的冥想活动都来自这本书：

“我的心与大自然的宁静合为一体。”

——H·I. 可汗

找到一个你可以独处的安静之处，听听你周围的声音并注意倾听不同声音间的宁静瞬间。当你的注意力开始分散时，反复默念以上格言，它会把你的注意力重新吸引回来。

“神圣的母亲大地，花花草草和自然万物都见证着你的思想和行动。”

——温尼贝戈

约翰·缪尔说：“自然界的一切事物都有着神性。”去大自然里走走，带着对大自然以及造物者的敬畏之情在心里默念温尼贝戈的这句话。若你被任何动物、植物、岩石或是美丽的风景所吸引，驻足欣赏它们吧，默默地在心底感谢它们给你带来的快乐和美丽感受。

给每个参与者找一个能独处的风景美丽的安静之处，让参与者更好地用心感受格言所传达的深意。

当你准备好时，把卡片正面朝下，让参与者们每人抽一张。告诉他们，他们抽出的卡片上的格言是特别为他们而写的。如果他们看完卡片的格言后，实在没有任何思绪，可以允许他们和别人交换卡片。但神奇的是，大家选择的格言往往都十分符合他们当时的心境。

参与者一般都知道，自然冥想是一项非常安静的活动，但是在进行这项活动的时候，你还是要给他们一点提示。

通常，我会给参与者10～15分钟的冥想时间，然后我把他们召集到一起，让他们围成一圈坐下来讲述他们的感受。

我发现，在一张卡片上打印几句格言和冥想词后，让参与者从中选择自己喜欢的格言，也是一种非常有助于活动开展的有效方式。得到出版社的批准后，我从《聆听自然》一书中选取了12句格言并把它们打印在卡片上。同时，我也选取了一些只印有一句格言的卡片。

给自己写一封信——为自然之旅画上完美句点

游戏说明：

A．本游戏属于海豚阶段

B．游戏目的：欣赏

C．游戏时间/地点：随时随地

D．游戏人数：1人及以上

E．游戏参与者年龄：10岁及以上

F．特殊道具：信纸和笔

应该说，以给自己写信的方式来结束为期几天的自然体验，将给这项活动画上一个完美的句点。（仅适用于13岁及以上的参与者）

首先，你可以这样描述该项活动：

“我们共同经历了难忘的自然体验。你们可能有自己独特的体会和见解，比如‘我永远都不会忘记这次经历’！”

“我们马上就要回到忙碌不已、琐事繁重的生活中了，这些自然体验给我们带来的感受很快便会消退。所以，让我们给自己写封信，写下这几周以来发生过的一切我们想要记住的事情。当然，你写的信完全是保密的，我们会在两周内将它邮寄给你。”

给自己写一封信的活动有两个非常大的好处：首先，写信可以加深自然体验在参与者脑海中的印象，让他们深刻记住在这些体验中学到的东西；其次，收到自己写的信，可以让参与者们加深对大自然的热情，更加积极地保持与大自然的接触。

以下是一封来自“自然朝圣者”活动一员的信件。“自然朝圣者”活动是由我和我的妻子组织的，当时我们一同走过了美国西南部

“世界上最美最好的事物都是看不到摸不着的，你只有用心才能感受得到。”

——海伦·凯勒

布满光滑岩石的郊外。

致我自己：

“过去的十天里，我度过了一段美妙的欣赏和体验自然的时光，大家都那么友好，我跟他们在一起感觉非常自在。

最让我难忘和感动的经历应该是徒步穿过小牛溪瀑布附近的小路。当时，我独自一人走在小路上，看不见任何同伴。我抬头看着峡谷巍峨的石壁，感觉神与我同在。峡谷的石壁不但看上去非常巍峨，充满力量，而且还散发着一种令我深深震撼的永恒感。随后，我被这石壁透露出的神奇力量带到了瀑布边。

我想在心底珍存这次旅途回忆，让它时刻提醒我保持内心的冷静沉着，就像大自然每天都在我身边一样，我们永远亲密无间。

爱你的，

戴安

22 USA
Monarch
22 USA
Bighorn Sheep
22 USA
Broad-tailed Hummingbird

《飞翔的鸟儿》——写给自己的一首自然之歌

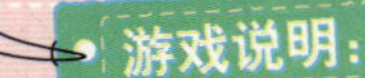

A．本游戏属于海豚阶段

B．游戏目的：表达我们对自然的爱

C．游戏时间/地点：随时随地

D．游戏人数：1人及以上

E．游戏参与者年龄：5岁及以上

F．特殊道具：若有必要，可用乐器

当户外远足活动即将结束的时候，最好可以进行一些歌唱和诗朗诵的活动。我们都知道，沉思阶段过后，游戏参与者受到自然的启发，个个精神饱满，备受鼓舞。这时候，对这种情感加以庆祝能加深参与者的感受。你可以利用一些时间来仔细体会自己选择的歌曲和诗歌中所蕴含的深意，这将有助于你更好地激发参与者的情感。

当然，你也可以跟他们分享自己创作的歌曲或诗歌。要知道，很多民谣都以激励人心的自然为主题。在《聆听自然》一书中，你也能看到很多激励人心的诗歌和格言。

在这里，我想跟你们分享一首我自己谱写的歌曲，歌曲的名字叫《飞翔的鸟儿》。我写这首歌是为了让自己记住自然界的和谐之美，从而激励自己让内心保持一种如大自然般和谐的状态。当我身处自然，走路或是静坐欣赏美丽的风景时，我一般都会在心里默默地唱上

第四章

串起多个游戏，挑战综合能力

在进行流动学习活动时，要十分注意保持各部分流动学习活动之间的连续性。带着不同的目标，把不同的活动按合理的顺序精心编排出来，让大家在更加满意的情况下体验到流水学习法的多样性。在一次精心设计的自然教学课中，每项活动都应该能给参与者带来启迪人心的难忘的自然体验。相反的，如果你草率而不合理地挑选活动，不精心编排活动的顺序，你将发现你带领的户外活动收不到任何成效。

如果你的首要目标是在参与者心中制造惊奇感，实际的学习只能充当次要的角色。但是如果你能在计划时发挥一点创造性思维，你的自然教学课将会在授人以渔的同时启迪人心。事实上，将这两种方式结合起来，通常能给领队和参与者带来意想不到的满意效果。

以下一系列森林活动能让大家从科学和感性的角度来欣赏树木。我在此分享这些活动的目的是要给你们展示一些特定的活动是如何相互衔接、互为补充的。这样组织起来的活动比随意选择的活动能带来更为丰富和充满活力的自然体验。

树

正如我多次提到的，你所选取的活动必须跟组员的年龄、小组的人数以及活动周围的环境相符。如果参与者只有几个人的话，那么最好以森林徒步活动课作为活动开端。但是如果人数众多，你就要让组员们玩一些游戏，以此来调动他们参与的积极性。

当参与者都是孩子时，一定要以活泼有趣的活动开场。如果孩子们对树都已经有所了解，那么可以让他们玩“猫头鹰和乌鸦”的游戏。这个游戏会让他们兴奋起来，同时还能激发他们对树木的好奇心。

游戏之前，把参与人员分成两组，让每一组各自站在一条拉直的绳子两端。一组为猫头鹰组，另一组则为乌鸦组。接着你大声念出几句话，如果你说的是真话，那么猫头鹰组得去追逐乌鸦组。如果你说的是假话，乌鸦组得去追逐猫头鹰组。如果有人在还没越过基地线（绳子后三四米的地方）前就被对方抓住，那么这个人则归另一组所有。

你所念出的句子必须简洁明了，正误分明。可参见以下例句：

1．“松树夏天的时候落叶。”

2．“橡树果是橡树结的果实。”

3．“白杨树在干燥、岩石多的地方生长得最好。”

4．“冷杉树、铁杉树和松树都是常青树。”

5．“我手中的叶子来自一棵七叶树。”

孩子们在学习了新的知识和概念的同时，也度过了一段快乐的时光。

对于年龄偏大的孩子和成年人来说，这些线索能引起大家对树木的兴趣和好奇。以下是一些例子：

1．“我年纪很大，而且我是世界上最高的生物。”

2．“我的种子有高尔夫球一半那么大。”

3．“我断裂的树枝能在河岸生根长成大树。”

（答案：1．红杉树；2．七叶树；3．杨柳）

帮助人们了解树木的游戏有四个，它们分别是：“遇见一棵树”、“蒙眼走道”、“树的组成”以及“我是一棵树”。这四个游戏能让参与者跟树木有一个亲密接触并激发他们的游戏热情，为之后的活动做好情绪上的铺垫。

遇见一棵树：游戏中，你用眼罩把你的搭档的眼睛蒙上，然后把他带到一棵树前，让他感受树木的纹理以及构造，然后把他带回你们最初站立的地方。摘下他的眼罩，让他找找刚刚接触到的树木是哪一棵。

在这个游戏中，参与者们不是用自己的眼睛而是靠游戏策划者的帮助来了解一棵树，这种体验给他们带来了深刻的印象。我曾经在一个夏令营工作的时候结识了很多孩子，他们每年都会回来把我带到森林深处，满怀热情地给我展示“他们的”树。

蒙眼走道：这个游戏让参与者们有充足的时间去了解树木。这个游戏在引导大家保持内心的平静去倾心聆听自然这方面有极大的魔力。参与者们的眼睛被眼罩蒙着，安静地穿过森林，唯一可以依靠的只有手中的一根绳子。这个游戏最好选取曲折蜿蜒的小道，这样参与者们可以用身体感受到道路旁各种各样的石头、灌木丛和树木。

进行蒙眼走道游戏前，你需要选取一块安全的露天场所或是小路，最好这些地方长着各种各样的大树。

树的组成：该游戏能让参与者认识树木的各个部分。它能让游戏参与者更深入地了解树木的生长过程。同时它也为“我是一棵树”游戏设下了完美的铺垫。

我是一棵树：该游戏能够激发大家的团队合作意识，并让大家在游戏过程中忘却自我，把自己真正当成一棵树。

“树的组成”和“我是一棵树”游戏实现了完美的互补。在“树

的组成”游戏中，参与者可以学习到很多科学知识和原理，而在“我是一棵树”游戏中，他们能够通过身体和心灵的亲身感受来获取信息。

当“我是一棵树”游戏结束后，参与者们都要分享一下各自“当树”的感受。这时，你可以用某种鼓舞人心的活动为参与者营造一种善于感受的心境。以下是一些建议：

1．带着组员们演唱或是背诵《飞翔的鸟儿》这首歌。

2．带着组员们玩“自然冥想”游戏，游戏中引用三句格言。

3．讲故事。

有一个关于树木的精彩故事——“种树的男人”。或许你想讲讲约翰·缪尔热爱树木的故事。缪尔对各种树木了如指掌，他甚至能根据风吹过树枝的声音来判断树木的种类。

游戏过后，你会发现大家在之后的行走过程中都变得异常专注，专注于辨别树木并跟大家一同分享关于树木的一些专业知识。

在以上列举的一系列关于树木的游戏中，“猫头鹰和乌鸦”的游戏以及“猜猜动物”游戏是第一阶段（唤醒热情）的代表游戏。如果你觉得要让参与者们在进入感性体验活动之前保持平静的心态，那么你可以试试带领他们玩第二阶段（集中注意力）的“声音地图”游戏，这是一个非常棒的游戏。

“遇见一棵树”、“蒙眼走道”以及“我是一棵树”游戏都属于第三阶段（亲身体验）。虽然“树的组成”游戏让人活力四射，但是因为它能为“我是一棵树”游戏做完美的铺垫，所以我才将它放到最后玩儿。《飞翔的鸟儿》、“自然冥想”和讲故事活动都属于第四阶段（分享灵感）。

我发现，几乎所有的大人和小孩儿都喜欢这些感性的活动。但是面对年龄较小的孩子，你可能需要缩短一下“我是一棵树”游戏的时间并用其他的活动来代替引用格言活动。如果你带领的是一群活泼的孩子，那么你可能要以更为活泼的游戏来取代类似于“我是一棵树”这样的游戏。在下文中，有一些你在森林郊游中可能用得到的一些活动，这些活动均来自于《与孩子共享自然》一书。

森林徒步者的游戏

（以下游戏在《与孩子共享自然》一书中均有详细描述）

唤醒热情：“重复”和“鉴定”

集中注意力：“人造小路”和“辨声”

亲身体验：“爬行毛毛虫”和“蒙眼走道”

分享灵感：“森林食谱”

流水学习自然教学课实例

如果你想要组织一次流水学习自然教学课，就可以用以下游戏顺序的样本作为模板。

“猜猜动物”游戏需要具备一定的阅读能力，因此，当你带领的是一群孩子时，你就可以跳过这个游戏。其他游戏适用于任何成人和孩子：

唤醒热情：“动物线索”和“动物来了”

集中注意力：“树的组成”和“声音地图”

亲身体验：“我是摄像机”和“神秘动物”

分享灵感：《飞翔的鸟儿》

小的挑战。攀爬悬崖不仅需要团队之间的合作，还需要彼此间的谅解。攀爬时需要大家的精力高度集中，同时还要消耗大量体力，这让他们不再浮躁。这是我第一次看到他们真正齐心协力地完成一件事情。当我们在山顶会合的时候，大家都能身心舒畅地欣赏大自然了。

我们没有看到鹫，只见到一只松貂、三只小鹿以及一只鹰。展现在我们眼前的是由湖泊、花岗石做的圆屋顶、树木和被冰雪覆盖的山谷组成的壮丽画面。孩子们第一次真正被美丽的环境深深触动了。他们非常兴奋，在山顶不停地寻觅探索，有了许多新发现，还时不时地向我询问相关的信息，我都来不及给他们一一作答。后来，我们在山顶有了一个使大家都无比惊奇的重大发现。

下山时，孩子们惊奇地发现，在暴露于风中的荒凉的岩石上还长着几棵低矮的奇形怪状的树。我告诉孩子们，虽然这里冬季的风异常凛冽，但这些树却能抵挡住寒风的侵袭。接着，我又给他们讲了一些树木抵御严寒和强风的方法。比如，他们的枝丫非常柔软，这样便不会轻易被雪压断或风折断。这些树不会长高，保持着矮小的状态，这样它们才能牢牢地固定在地面而不被狂风拔地而起。

为了让他们更好地认识到这一点，我轻轻地把一棵白松的树枝弯成了一个圆圈。接着我们一起躺在岩石上，体验躺在地面时比立在风中更加温暖和安全的感觉。我们一起把一棵3尺高的越橘树的树枝拉到地面上，明白了它的树枝为什么不会被大雪压断。孩子们惊奇地发现，这里很多树的年龄可能是他们的50倍，但是就比他们高一点点。

他们开始欣赏并且理解这些树木，对它们适应山顶极限环境的这种能力表示非常惊讶。树木在他们眼中变得鲜活起来，就像人类一样，每个人背后都有着自己特殊的故事。现在的孩子们不像之前那么自私冷漠了，他们开始尊敬和热爱森林。

孩子们行为上的突然转变让我意识到，相信人人都有潜力变得更好是非常重要的。我们越是相信一个人蕴含的巨大潜力，就越能让他把自己的内心情感表达出来，把潜力发挥出来。

我本可以在远足开始前5分钟就从内心里放弃这些孩子，但是我知道自然有一种激励人前进的神奇力量。关于这一点约翰·缪尔曾说："面对大自然可爱的面貌，悦耳的声音，没有几个人能视而不见，充耳不闻。每个人的内心都是热爱大自然的。"

我们要想帮他人发挥出最大的潜力，就要细心地观察他们的需求。要做到这一点，我们就要放弃自己喜欢的做事习惯和态度。

有一次我曾经去拜访位于加利福尼亚尤巴城的一所养老院，给那儿的老人们做了关于附近一个水禽栖息地的幻灯片展示。展示完几张幻灯片后，我从他们的反馈中发现他们很多人都在这片区域长大。也就是说，他们有很多关于他们年少时与萨克拉门托山谷的故事可以讲述，于是我停止了幻灯片播放，耐心聆听他们回忆往事。一位先生告诉我们，他的父母依然记得那时潮湿的冬季里，整个山谷就像一条从海岸山脉流向内华达山脚的湖。他们都记得成千上万的鹅和鸭子从他们家门前飞过，钻进湿地时发出一阵又一阵激动人心的叫喊声，那感觉就像整片天空都在移动。

我也是在这个小山谷里长大的，那时这儿的野生之地面积已经很小了。尽管这里水禽的数目依然很多，但是比起曾经的数目已经大为减少。能从他们嘴里听到关于这个山谷曾经未遭到太多人为破坏时的样子，我非常开心。

他们兴致勃勃地讲着他们的故事，我被他们的热情感动了。对他们来说，能有机会跟他人分享关于山谷的故事是很有意义的。虽然我的计划因为他们讲了太多故事而被打乱了，但是我没有抱怨，而是压抑着内心想要继续按照计划进行我的安排的冲动，耐心地听着他们对我所谈论的话题的反馈。如果我继续进行自己的计划，他们的兴致可能就不会这么高了。当然，从他们的反馈中我也学到了不少新的东西。

作为一名教师，我早已发现，当我善于观察他人所处的状况时，我便能适当调整学习情境，从而满足他们的需求。这让我的教学更加有创造性、激发性，也更令人开心。当我们能帮助别人挖掘内心深处的感受时，我们便能更好地与他们交心。在这样的学习氛围中，你永远不会因为想要试图“教会”人们去判断自己是否对这门课感兴趣而绞尽脑汁，甚至感到沮丧。当我们问自己：“我该如何教育这个人？我怎么做才能给他们带来最大的帮助？下一步他们该怎么做？”这种方法就会生效了。每个人都会对某种东西感兴趣。你扮演的实际上是一个侦探的角色，你要试图找到能让某一特定人群感兴趣的事物。

此外，尽力包容、接受他人，忽略他们所犯的错误，也能让我们帮助他人充分发挥他们的潜力。无论他人做事的方式是什么，或是他们做了什么事情，我们都不要批评他们，这样他们才能真正感觉到我

们的真诚和包容。如果做到这一点，我们就能消除彼此间的隔阂和距离。在我们学会更加关爱和理解他人的同时，也能学会如何有效地应对随时可能发生的情况。当他人感受到我们的关爱和支持时，他们也就更容易接受改变，更容易接受新的理念。

要做到这些并不容易。我还记得，我在欧洲给《与孩子共享自然》一书做宣传时也没有忘记检验这些原则。周日一早，我到伦敦的一个广播电台接受采访，进门时节目主持人正放着重金属摇滚音乐。房间里坐着10个等着被采访的人。但是电台主持人貌似只对自己感兴趣，采访他人时语气里透露出自命不凡的意味。他迅速地采访完一个又一个来宾，以此炫耀着自己的机智。

我见到这种场景，第一反应便是我真不该到这儿来浪费时间，我真应该放弃这种采访邀请，去大自然里观看各种不同的鸟儿。我发现我从内心深处开始厌恶这次采访。但是我又尽力压住自己的这种想法，我觉得我还是应该试一试，不管怎样我已经来了，还是应该尽力做好采访。

当采访开始时，我明显看出这位主持人对我和我的书一点儿兴趣也没有。我也知道节目时间一到，采访也就结束了。但同时我也发现这位英国主持人特别喜欢大自然，而且很明显的是，他也非常喜欢与人交谈。于是，我问他童年时有没有一些难忘的自然体验。果然，他兴致勃勃地讲起了他如何在乡下长大，足足讲了大约八分钟之后，他才记起来其他来宾还在等着发言，于是他以这段话结束了对我的采访："紧张繁忙的工作常常让我们忘记了大自然对于我们是多么的重要。如果你们想让自然重新回归你们的生活，我极力推荐你们阅读这本美妙的书——《与孩子共享自然》。"他如此衷心地赞美我的书，着实让我感到吃惊，因为我知道他从来就没看过这本书。

我们要想充分发挥他人的潜力，最重要的一点就是我们自己要感同身受。一位户外教育者曾经跟我说，他原以为一次成功的徒步旅行取决于参与者有多么灵敏以及他们准备得多么充分。但是他后来才发现，但凡他自己都受到激励和感动的旅途，就算孩子们再难对付，他们也总能一起度过一段美好的时光。但凡他自己都感觉毫无兴趣的旅途，就算孩子们再优秀，这旅途也不会给他留下特殊印象。他告诉我，他开始意识到，老师的鼓舞是为他人创造有意义的自然体验的核心因素。

要想让他人相信奇迹，我们自己也必须要有追求奇迹的精神。一个内心对自然充满敬畏、欢乐的领队，能充分把他人内心蕴藏的美好感情挖掘出来。因为他们自身也渴望体验这些美好。

曾经有位医学院的学生问亚伯特·史怀特：“最好的教学方法应该是怎样的？”亚伯特·史怀特说：“教学方法有三种，第一种是做榜样，第二种是做榜样，第三种是做榜样。”一个内心充满对自然的敬畏和热爱的人可以唤醒他人对自然的关爱，这是别人无法做到的。我们不应该自视甚高，以为自己的榜样作用十分重要，而应该把这种榜样的作用视为一种责任，让自己和他人充分意识到人类与自然和谐统一，相互依存的责任。

在带领学员进行课外活动之前，花几分钟让自己和自然亲密交流，这样你的教学活动将会充满真诚的热情和爱。你会发现，当你花上几分钟来感受自己对自然的那种平静、欢乐和关爱的心境时，你也会以同样的心境去对待身边的人。当我们相信他人能做到最优秀的自己时，我们就能帮助他人营造出一种相信自己是最优秀的心境。

自然教育的这一部分非常重要，因此我整本书主要都在讨论人生激励的问题。《聆听自然》这本书收藏了许多来自伟大的自然主义者的格言、故事以及活动。这本书旨在帮助读者们把个人的一些灵感和想法转换为真正的人生体验。如果你希望通过自己的努力深入地感受自然，《聆听自然》一书将会让你获益匪浅。

附录A

种树的男人

种树的男人

作者 让·纪沃诺

要想真正了解一个人是不是品行出众的人，你得花数年的时间，还要有好的运气和机会去观察他的行为。如果他的行为没有私心，动机无比慷慨，心中没有存着回报的念头，而且他还在大地留下了明显的印记，这样看来他是一个品行出众的人，基本错不了。

大约40年前，我长途跋涉，来到了一个不为人知的高原，那是位于阿尔卑斯山附近的法国东南部的一块古陆，被称为普罗旺斯的地方。当我走过这座毫无生机的高原的时候，除了看见野熏衣草外，就是一片荒山与黄土了。

我当时正要穿越高原最宽广的地带，3天后，才发现那是一处荒芜的地域。我来到一个破落村庄的废墟附近，搭起帐篷过夜。我的水两天前就用完了，现在得补充一点。村落内鳞次栉比的房舍，虽然已是废墟，不过一间间连在一起，像蜂窝一般，想必这里会有一口水井，或是一条河流。我真的找到一条河流的遗迹，不过早已干涸了。这里有五六间屋子，在风吹雨淋下，已经没有屋顶了。虽然有一座尖塔倾圮的教堂兀自屹立着，证明这里好像是有人居住的村落，不过如今却了无生命的迹象。

虽然是骄阳高照的6月，但是我站在这处没有绿荫的高地上，高空的风猛烈地吹下来，没有人能顶得住。风吹袭着这些破旧的房屋，仿佛狮子吃东西受到干扰发出的吼叫，我只好搬到他处。

我走了5个小时，还是找不到水源，看来是没有指望了。高地上到处都很干燥，还有很多杂草。我看到远处有一个黑色耸直的影子，像一株孤立的树干。在没有更好的选择的情况下，我走向那个黑影子，那是一个站立着的牧羊人。在太阳烤干的地上，还躺着30只绵羊。

那个牧羊人递给我一个水壶，我喝了一口。过了一会儿，他领我去到山凹中他住的地方，然后从一个天然井中汲出水，水质清澈可口。在这个井口上方，他安装了一个简陋的辘轳。

牧羊人话很少，这原是独居人都有的特点，但是我感觉他是一个充满自信、意志果断的人。在这荒凉的高地，这还真是一番奇遇。这不是一间简陋的木屋，是一间真正用石块砌成的房子，到处有他自建的痕迹，有他抵达这高原后修复废墟的血汗。屋顶很牢，而且中规中矩，风吹过屋顶的瓦片，仿佛海啸冲到岸边的声音。

屋内的东西摆得很整齐，碗盘洗得干干净净，地板擦得发亮，长枪上过油，火炉上正熬着汤。我这个时候才看到他的胡子刮得干干净净，衣服的扣子也很牢固，衣服也被他一针一线仔细缝过，看不出缝补的痕迹。他请我喝汤，一会儿，我递上烟草袋，他说他不抽烟。他的狗也很安静，友善却不谄媚。

从见面的那一刻起，我就知道，根本不需要跟他说我得在此过夜，因为这里距离最近的村庄也还要一天半的路程。我对这里很熟悉，高地上只有稀疏错落的四五个村庄，散布在这座山坡上，遥遥相隔。有几个村庄坐落在路尾的白栎丛间，那里住着几家烧炭工人，生活艰辛。几户人家挤在冬冷夏热的居住环境里，日日夜夜忍受彼此个性不同而起的摩擦，却又无处遁逃的苦楚。人们想逃离到他处的心愿，已经到了忍无可忍的地步。

男人每天的工作是把载满木炭的车拉到城镇，然后再拉回家。就是性情再好的人，也禁不起这种永无止息的折磨。女人则自叹命薄地挨过这种苦日子。这里的人，什么事都斤斤计较，从木炭的售价到争教堂里的座位，从争论品德的高尚到争论品德的邪恶，尤其在品德善恶的争议上，从未停止过。那地带最要命的是风，永无止息地刮着，绷紧所有人的神经。自杀仿佛是流行的病疫。精神失常的例子到处都是，往往酿成杀人的悲剧。

牧羊人拿出一个小袋子，从中倒出一堆橡实，散在桌上。他开始一粒一粒地拣着，心无旁骛地把好果实挑出来。我吸着烟斗，并且有意帮他挑选，他说这是他的工作。事实上，看他专注地工作，我也无从插手，我们的谈话也到此为止。他挑出一大堆好的橡实后，便十粒十粒地数着，同时更仔细地淘汰小粒的与龟裂的。他一共精挑细选了一百粒完美无缺的橡实，然后我们各自就寝。

跟这位牧羊人在一起真是和平极了。第二天，我请求在这里再住一夜，他表示同意。我感觉他像是一切都泰然处之的人。再待一天并非必要的，我只是受了好奇心的驱使，想要多了解他一点而已。他打开羊栏，放羊吃草，并且把昨夜精挑细选的橡实，连同袋子，浸到一桶水中，然后才背着离开屋子。

我看到他带了一根铁棒，约拇指般粗，1.5米长。我沿着一条与他平行的路径走着。牧羊的草地是一块河谷，他让牧羊犬看着羊群，自己便朝我伫立的山坡走来。我心中怕他要来告诉我该离开了，以免会不识相地烦着他。事实上却不然，他邀我同行，怕我无事可干。他爬了大约90米抵达山脊。

然后，他用铁棒向下扎一个洞，放入一粒橡实，再覆上泥土。就这样，他种下一棵又一棵的橡树。我问他，这是他的地吗？他说不是。那么他知不知道是谁的地呢？他也不知道。他猜是公有的，或者是弃置不管的私有地，他也不想知道地主是谁。他小心翼翼地种着那一百粒橡实。午饭后，他又继续种树。或许由于我不断地询问，他终于说出，他在荒山野地已播种了3年，种了10万棵树。这10万粒橡实中，两万粒发了芽。这两万棵小苗，大概有一半会因为地鼠或难抵普罗旺斯高地变幻莫测的自然环境而无法存活，剩下的一万棵会在这原先光秃的高原生长起来。

我这时想知道他的年纪：他看起来已有50岁以上。他说55岁了，他的名字叫艾尔则阿·布非耶。他以前在平地有一个农庄，也是在那生活过的人；后来独生子及妻子相继过世，他便隐居到这块荒芜的高地，带着他的羊群与牧羊犬，自由自在地过着日子。他认为，这块高原因为缺树而正走向死亡。他又加上一句，因为没有事业的压力，他便可以担起拯救大地的任务。

那个时候的我，年纪虽然不大，却也正过着离群索居的生活，多少也懂得如何与一颗孤寂的心灵亲切地沟通。但我因为年轻的缘故，不得不为自己的前途做些打算，去追寻起码的幸福。我告诉他，30年后，这一万棵橡树必能成为壮观的森林。他却简短地回答，如果上帝助他一臂之力，30年后，他种植树的数量一定十分惊人，那么这已种的十万棵树不过是沧海一粟而已。

除了橡树之外，他还研究繁殖山毛榉（译注，另一种橡树）的方法。在他房子附近的一个苗圃里，他还用山毛榉的种子培育小苗。这些树苗的四周有铁丝围离保护着，不让羊群靠近，目前长势良好。他还打算在山谷种桦树，山谷地下有水，可以种桦树树苗。

第三天，我们道别。

这样过了一年，第一次世界大战（1914年）爆发，我也被卷进去了5年。一个陆军步兵怎么可能还记得种树的事情。说句实话，我早已淡忘了。那件事不过像其他的集邮爱好一样，已被抛到九霄云外。

大战结束了，我领了一小笔退役金，渴望有着一段呼吸新鲜空气的日子。并没有特定的目的，我再度漫游到那条通往光秃高原的路上。

乡景依旧如昔。但是，没有人烟的村庄远处，有一种灰蒙蒙的雾气，罩在不太远的山头，仿佛平铺了一层毛毡。在前一天，我记起了那位牧羊种树的男人。“一万棵橡树”，我的反应是：“也确确实实占有一个不小的空间呢！”在这5年的日子里，我眼看许多人在战场上倒下，谁会认为艾尔则阿·布非耶会活着？想想看，在20岁年轻人的眼中，一个50岁的老人，除了等死外，还能做什么事呢？牧羊人还活着。事实上，他的身体更矫健了。他换了职业，只剩下4只羊，却多了100个蜂巢。他不再牧羊，只因为怕羊群会啃掉他种的树苗。他告诉我（他自己看起来也觉得），战争根本没有影响到他，他一直在心无旁骛地种树。

1910年种的橡树已有10岁了，长得比我们都高，看起来非常壮观，我惊讶得实在说不出话来，而他也默然不语，我们两人竟用了一天的时间在他的森林中无言地走过。我们走过的三个地带，全长11公里，最宽的地方有3公里。请别忘记，这些森林是从这个男人的双手及心灵中创造出来的，没有借助任何技术支持。每一个人都必须明白，除了有破坏力外，人在其他方面，也可以和上帝一比高下。

他执行了他的计划，那些山毛榉已与我的肩齐高了。我望向双目所及的远处，他执行得真够彻底。他带我去看5年前（1915年）种的桦树丛，那时我正参加凡尔登（译注：法国北部默兹省城镇）战役。他把桦树苗全种到他认为地表湿润的山谷，结果证实他的猜测是正确的。这些桦树已亭亭玉立，犹如少女，而且蔚然成林。

创造有如一种连锁效应。他心中没有任何负担，他以最单纯的想法，按部就班地执行计划；但是，当我们回头往村庄走的途中，却发现原本干涸的河床，现在居然水流淙淙了。这是连锁效应中最令人印象深刻的一幕。这条干涸的河床，很久很久以前是一条有水的溪流。我以前走过的那些荒凉的小村庄是古罗马人建立起来的。那里仍然有先人残留的蛛丝马迹，考古学家曾经发现许多鱼钩。到了20世纪，得靠许多水槽才有一点水用。

风也会传播种子。当水回到大地，柳树、灯芯草、草原、菜圃、花园及芋，它们生命的意志，也会一一复现。这些不知不觉的变化，已变成常规的一部分，似乎再自然不过了。猎人又回到高地原野，开始猎野兔或野猪，他们虽然会看到突然从地上冒出来的矮树丛，却把它当作是大自然一时兴起之作。这便是没有人打搅布非耶种树的原因了。如果早就有人发现他在高原上，他的做法就不一样了。但是没有人知道他在这里。在城镇或行政单位办公的人，谁能想到会有这么不顾自己的利益一心坚持的人？

要对这么一位品行出众的人有一个精确的看法，首先要记住，他是在绝对孤寂中完成这项创举的。这种完全孤寂的环境，已使他丧失了说话的习性。或许，他已知道这种本能已无存在的价值。

1933年，一位森林巡逻员来到他的住所，递上一纸命令，不准他在户外营火，以免殃及这块“自然”的森林。那是他第一次听到这么一句天真的话：“一片森林会自然生成！”那个时候，布非耶正在离家12公里的地方种植山毛榉。为了省掉往返的麻烦——他已是75岁的高龄了——便打算在那片土地旁砌一幢石屋。第二年，他完成了。

1935年，官方派一群人来巡察这片“天然林”，其中包括林务署的高级官员、副署长及许多技术员。但是废话连篇，他们讨论的结果是对这块“天然林”做一点必要的处置，幸好除了只做一件有益的事情之外，没有采取任何措施，那便是把这片林地列管在省的保护之下，一概不准有制炭业出现。这是因为每个人都被这些小树林的健康之美征服了，森林的魅力已征服了副署长。

这些森林官员中有一位是我的朋友，我跟他谈起这一件奇事。一星期后的某天，我们两人一起去探望布非耶——他正在距离官员巡察林地的十公里之外，努力地种着树。

这位林务官不因是我朋友的缘故才来，他是懂得自然的人，他知道不能张扬。我带了鸡蛋当礼物，三人在野地默默的沉思中共进午餐。

我们走过覆盖着树林的山坡，林木已有七八米高了。我还记得1913年的景象：弥漫着一片荒凉。这位心平气和、不辞辛劳的长者，住在有益健康的山风中，过着俭仆的生活，再加上与世无争的宁静心灵，老天赐给他令人敬畏的健壮体魄。他是上帝的体育选手，我难以想象，他还可以种多少公顷的林木。

临走前，那位朋友留下几项种植的建议，但是也没有过分强调它的重要性。他在回去的路途上告诉我：“布非耶显然比我懂得多。”这样又走了一个小时，他若有所思地补上一句：“他比大家都更懂种树的道理，他已悟出幸福之路。”

实在要感谢这位林务官，森林不但得以保全，同时更确保了这位种树男人的幸福。他派了三位巡山员，并且严厉地告诫他们，使他们不敢接受制炭工人贿赂的红酒。

唯一会威胁种植树木的事，发生在1939年的第二次大战期间。那时候，有些车的引擎是靠烧木柴发动的，然而木柴普遍缺货。1910年开始砍伐橡木林了，然而这个高地远离火车运行路线，木材商评估，在这里伐木不利，最后放弃了。这位牧羊人根本不在乎这件事。他已深入内陆30公里，心平气和地继续工作着。他根本不理会1939年的世界大战，更不理会1914年的世界大战。

我最后一次看到艾尔则阿 · 布非耶是在1945年的6月。他当时已是87岁高龄。我以前要靠步行穿过那片荒凉的高地。如今，尽管战争在乡间留下满目疮痍，但在杜兰斯山谷与高地之间，已有公共汽车来往了。坐着相当快速的交通工具，难怪我已不太认得昔日长途跋涉时看到的田野景象。出现在我眼中的景象，是一片崭新的大地。我只能从村庄的名字上确认这是以前的废墟与荒凉的故地。

走下公共汽车便是弗根镇了。1913年，这片有十来间小屋的村庄，只住了三个人。他们当时是野性未驯的动物，相互憎恨，靠落到陷阱里的动物为生。他们并不迁移，无论精神或肉体，都处在史前人的环境中。他们眼睛所见之处，只是一片爬满荨麻的破败房舍。他们的盼望便是等待死神召唤——那种生活空间，真是败坏品德的炼狱。然而，现在的景象完全改观了，甚至连空气也不一样了，原先吹面的大风也变成微风徐来，充满馨香之气。林间的风声，如山中的水声，清晰可闻。最不可思议的是，我亲耳听到水流入池塘的声音。我看到人造的水泉，汩汩地流出水来。最触动我心弦的是一眼泉水旁种了一棵菩提树，这棵菩提树至少有4年了，枝叶茂盛，象征着重生的明证。

还有，弗根镇充满希望的活力——希望已经回到城里了。废墟已被铲除，颓墙也被推倒，5间房舍全被修复，目前居民已增加到28人，其中有4人是新婚的年轻夫妇。房舍已刷成粉色，菜圃与花园绕着房舍，井然混栽着各式各样的白菜、玫瑰、韭菜、金鱼草、芹菜和秋牡丹。这里已变成人见人爱的新兴村庄了。我再继续走着。因为刚刚受过大战的洗礼，尚未让生活有足够的时间绽放灿烂的花朵，但是复活的拉撒路已从坟中走出来了。山坡下铺着一块一块的小麦与裸麦田。狭长的河谷下，草地开始吐绿。

只是经过了8年的时间，整个乡间就散发出健康与富足的光芒。1913年还是一片废墟的高地，现在却是整齐的农庄、干净的农舍，人们过着幸福与安适的生活。古老的溪流，被森林中的雨雪浇灌着，又有了流动的活力。溪流的水，用水渠引导着。泉池的水流向每一个农庄、每一片枫林、每一片绿油油的薄荷田。渐渐地，整个村庄又被建设起来了。原住在地价高涨的平原居民，搬到这高地住下来，带来了朝气、干劲与冒险精神。沿途有心地慈悲的男男女女，小男孩与小女孩开心地笑着、闹着，人们终于又找回了野餐的乐趣。细数当年的人口，无法否认现在过着舒服日子的一万多个人的幸福是来自艾尔则阿·布非耶的赐予。

我从这个男人身上得到启示，他只靠身体力行与蕴藏的品德，就能够将荒凉的土地变成到处都是奶与蜜的“迦南地”。我深深相信，万物之中，唯有仁爱是值得崇拜的。我心中思索着，只有拥有伟大的心灵与至死不渝的善举义行，才能使他有如此伟大的成就。这么一位年长又没有受过高等教育的农夫，能够完成一件如此神圣的伟业，实在令人心生无限敬意。

1947年，艾尔则阿·布非耶安息于法国巴农的赡养院。

——自然之友

缅因州，布鲁克斯维尔，1967年

附录B

感谢信及作者介绍

感谢信

首先，我要感谢我的妻子，感谢她对于“真”的敏锐直觉，感谢她知道如何把这种“真”准确而又愉快地传达给别人。本书中很多想法之所以能被我清楚地表达出来，很大部分是她的功劳。

我也要感谢乔治 · 贝恩宏先生，感谢他一直以来对我工作的支持以及他在编辑方面的突出才干。他的辛勤工作完全是因为我们之间珍贵的友谊。

居住在阿南达这样一个国际社区里有很多好处，其中之一便是在生活和工作中时刻能感受到他人的支持。这本书跟我之前所著之书一样，展示了几个人共同协作力量的强大。如果仅靠我一人之力，这个项目是不会那么成功的。我要感谢社区里帮助过我的人，感谢他们的建议和支持：吉姆 · 范 · 克里伍、希拉 · 让西、杰伊 · 卡斯本、海伦 · 普瑟尔、阿伦 · 赫伯特、皮特、凯伦麦克道、克拉拉 · 伊娃、万-宝罗 · 曼丽、布鲁斯 · 曼罗、海沃德 · 克鲁、菲利斯 · 诺娃、温汉姆、保罗 · 凯利、阿莎 · 卜雷武等。尤其要特别感谢阿南达社区的创始人——杰唐娜·沃特斯，感谢他给我带来的启发和智慧。

我还要感谢洛基·罗伟德教授和皮特·柯克兰教授们读完本书给予的宝贵评价。

最后，我要感谢所有曾经热情参与到我的自然教学课中来的人，没有你们的参与我不可能写出这本书。

分享自然基金会

在分享自然基金会的帮助下，约瑟夫·柯内尔和他亲自教导的老师们一年内连续开办了很多认识自然的自然教学课。柯内尔先生多年以来教授认识自然课程的经验是这些课程得以进行的基础。这些课程充分利用了分享自然系列四部曲：《与孩子共享自然》和《教出孩子的生存力》、《通往自然之心》、《聆听自然》之中的活动和基本原理。

每年夏天，约瑟夫·柯内尔先生还会在加利福尼亚北部举行为期一周的静修会议。参与者在静修中体验到大自然带给他们的各种快乐。他们离开时已经掌握了有效的激发灵感的方法。这些方法既可以个人使用，也可以用来帮助他人。

全球分享自然基金会是一个国际性的协会，它由许多组织和个人组成。这些组织和个人均在使用柯内尔先生设计的活动和他的哲思态度。

更多关于分享自然在其他国家的协调人以及项目，柯内尔书籍的外文翻译版，他的工作安排和自然教学课，请访问网址http：//www. sharingnature. com。如果您想资助某个项目或自然教学课，或者你想了解更多关于夏季静修会议的信息，请给分享自然基金会写信，发邮件或是打电话。分享自然基金会地址：内华达市泰勒福特路14618号，邮编95959；邮箱地址：sharingnature@telis.org；电话传真：（530）478-7650

作者简介

很早之前，约瑟夫·柯内尔就被自然的神秘和美深深地吸引。小时候的他花费了大量时间探索位于加利福尼亚北部他家附近的湿地、果园和高山。

成年后，柯内尔的大部分时间也是在户外度过的。他向人们展示着自然的惊奇之处。柯内尔在奇科市的加利福尼亚州立大学求学时，就已经获取了在认识自然方面的科学学士学位。他在国家奥杜邦协会接受了自然主义正规教育。接下来的七年时间里，他一直在公立学校户外教育项目中授课，并在美国童子军中担任自然学家一职。1979年，他成立了分享自然基金会，以此与成人和老师们分享他的教学方法和人生态度。

如今，柯内尔已经成为世界一流的自然教育家之一。来自世界各地数以万计的人都去参加他创办的认识自然的自然教学课。他所著的分享自然系列书籍中的第一本书——《与孩子共享自然》已经售出35万余本，并被翻译成15种语言，远销国外。

黎明出版社出版的其他关于认识自然的优秀作品

How We Know What We Know About Our Changing Climate《如何知道我们对于气候变化了解多少》林·谢礼和盖里·布拉西著。气候每日都在发生变化，我们如何知道地球上的气候正在发生改变？这些标题背后的科学告诉我们——花儿、蝴蝶（包括帝王斑蝶）、鸟儿、青蛙、树木、冰川以及很多其他事物都在提醒我们。世界各地的科学家们在年轻的“公民科学家”的帮助下正收集着这些证据。本书介绍了年轻人如何和他们的家庭以及老师一起了解气候的变化以及如何通过行动来改善这种变化。

Eliza and the Dragonfly《艾丽莎和蜻蜓》苏西· 莱因哈特著。安黎萨·克莱尔述。本书描写了一个关于隐藏于我们身边的美丽和奇迹的故事。

A Tree in Ancient Forest《古森林之树》卡罗·里德-琼斯著。本书用

重复的诗句讲述了相互依存的植物和动物呼唤一棵树木回家的故事。

Salmon Stream《莎乐美小溪》卡罗·里德–琼斯著。迈克尔·美达述。本书讲述了莎乐美追随孕育它生命的小溪，漂洋过海，历经艰险回到家乡的故事。

Stickeen:John Muir and the Brave Little Dog《斯蒂金：约翰·缪尔与勇敢的小狗》约翰·缪尔著，多奈尔·鲁贝述。这本书讲述的是在阿拉斯加的冰川探险中，一位伟大的自然学家和一只小狗之间不停地变换着关系的故事。

If You Give a T–Rex a Bone《如果给一只霸王龙骨头》提姆·梅尔著。安黎萨·克莱尔述。本书让你重返古时生物的栖息地——刺激、惊险、有趣。超级精彩!

River Song《河流之歌》史提夫·范·赞德著。凯瑟琳·泽卡述。听着香蕉之弦乐队的奏乐跟随河流从雪山流淌到海洋。

The Forever Forest《永远的森林》克里斯汀·乔伊和蕾切尔·克兰德著。本书描述了在孩子们的永恒雨林——哥斯达黎加的徒步旅行。哥斯达黎加是观赏和聆听珍奇动物的好去处。最棒的是，该雨林受到来自世界各地儿童的保护。

安东尼奥·弗莱德里克所著的揽获大奖的栖息地系列书籍描述了生物所处的生态环境。这些书籍包括：Under One Rock《岩石之下》、In One Tidepool《蓄潮池中》、Around One Cactus《仙人掌之周》、Near One Cactus《香蒲之边》、On One Flower《花朵之上》。

A Drop Around the World《世界之雨》芭芭拉·肖·马可尼著。一次跟随一滴水珠的世界之旅。一个关于水珠所扮演的独特角色的激励人心的故事。

A Swim through the Sea《穿越海洋》克里斯汀·乔伊·布拉特著。这位年轻的作者，以字母表为基础所著的书籍，用讨喜的头韵诗来介绍海洋生态环境。该作者所著的与生态环境类似的书籍还有：A Walk in the Rainforest《雨林之行》、A Fly in the Sky《空中的苍蝇》。（收录于教师指导手册）

教师：询问由布鲁斯和卡罗·马露儿所著的Sharing Nature with

Children Series of Teacher's Guides《与孩子共享自然教师指导手册》系列。把黎明出版社出版的书籍收录于学校教科书中不失为一种创新的务实之举。他们也询问了这些书籍的作者和陈述者参观学校的事宜。

约瑟夫·柯内尔的共享自然系列

Sharing Nature with Children《与孩子共享自然》

时值约瑟夫·柯内尔经典著作20周年年庆之际，他已经积累了关于自然教育的丰富经验，这些经验连同他新创的极受欢迎的游戏也被收录于他的新书之中。而且，书中还收录了柯内尔一贯带有深刻见解的评论。对于世界各地的自然爱好者来说，这一切都让他的第二部书更加独特而有价值。

Sharing Nature with Children Ⅱ《教出孩子的生存力》

《教出孩子的生存力》曾译名为《与孩子共享自然Ⅱ》，这本珍贵的书籍收录了柯内尔本人最喜欢的适合成人和孩子的自然游戏。约瑟夫还在本书中描述了一种独特的流水学习法，这种学习方法向大家展示了如何将自然活动与参与者的兴趣以及注意力联系起来，使活动发挥更好的效果，同时也展示了如何以不同的主题将活动分类，从而保证人们能感受到激励人心的体验。

John Muir:My Life with Nature《约翰·缪尔：我与自然》

这本书是由约瑟夫·柯内尔所整理的约翰·缪尔自传，一字一句均出自约翰·缪尔个人之口。全书讲述了约翰·缪尔的探险和精神历程，书中传达的活力、善行、探险、热情和对植物以及动物细腻的关爱，生动地在年轻人内心刻画了一位真正的英雄形象。

Listening to Nature《聆听自然》

一次触碰自然本质的美丽旅程。一本关于在自然中以充满活力而又沉思的方式获取内心平静的经典之作。书中附录部分还有各种既让人放松心情，又令人惊奇的图片，处处体现着柯内尔对自然无与伦比的热情。